村間世外

戴家妙題

李豪逸——著

杭州出版社

在异国他乡走自己的心

王旭烽

这是一部日记体散文集，其实也就是日记，每天的流水账，写得美了，也就成了文学。我陆陆续续地看着，一粒粒地数那些岁月的小珍珠，它们晶莹剔透，恰如我们江南草叶上的露水。每一篇都是短小的，吉光片羽，诗情画意，轻盈欲飞，如散文诗。

作者是一位杭州少年，正在异国他乡求学，文字却依旧是那么江南，并不为西风所侵。虽然从文体上看，时不时地在汉语表达中穿插着英文单词，但那也就是洋为中用，东方的脖颈随意系一系西方的领带罢了。

既然是日记体，自然是以日子为主轴，以日常生活为内容，大量的细节，很少的情节，几乎没什么故事。这样的东西要写得好看，着实不容易，但李豪逸做到了——那就是他语感的自觉，修辞的功夫，文风的凸现。这是想做一个美文工作者的人往往最难做到的，因为文学是语言的艺术，文学创作其实是要有语言天分的。而作者显然是有语言天分的，甚至在我看来还有着语言坐标，他的文字建立在白话文基础上，但又透着民国时期的风格，书卷气重，讲究语句的创新，便有了一份别致的趣味，让我想起林语堂、梁实秋、梁遇春那类的作家，他们大多是深受晚明小品文大家的影响的，虽然我并不知作者有没有这份文脉的私淑，但气质上看显然是接近的。

因为讲究文字，就有了文体的分寸，虽然因此没有了网络语言常有的鲜辣恣肆，但也就有了从中国文言文体中继承而来的那份温文尔雅和别出心裁，只不过这是一种间接的继承，但有了文言文的含蓄蕴藉和白话文的弹性松弛，就更有了创造语言、发展语言时的自由，我以为这是这部作品最需要肯定的地方。

自然，文章从来不是只有形式就能构成的，所以中国素来就有“文以载道”之说。那么，作者在这部作品集中承载了什么样的“道”呢？我通读了作品集之后，发现作者记录了自己值得记录的一天，以及那一天中主要人、事带给自己的情绪，有些篇章，是完全渲染情绪的，有些篇章，则几乎就是一声欢呼或者一声叹息。在异国他乡，作者每天都在自言自语，与自己对话，向自己倾诉，完完全全地走着自己的心。

因此，虽然两年来作者一直在记录自己国外的生活，却完全没有游记的特质，在天边讲自己看自己记录自己，这样就变得很独特，而独特必定是文学的又一要素。作者如此忠实地围绕着自己的心展开世界，只写和自己的心之眼看到的一切，所以这也就构成了这部作品的特色，读者会看到在那个遥远的天边求学之子的自己的生活，而不是跟着作者的目光去看别人的生活。这是一道向内的视角，没有多少向外的好奇的目光投射给别人的生活，因为自己的生活正应接不暇呢。

我想，如果这部日记继续写下去，作者的笔下，或许会出现一些更有趣的他人、重大的社会事件。人生的视野和情怀拓宽后，向内走得有多深，向外也就会看得有多远。期待。是为序。

2019年5月27日

一个“意外”的少年

吴晓波

2017年的夏天，李豪逸上过我的节目“吴晓波频道”，这是第一位九五后进入我的演播室，那期节目的播出量超过了500万。

在少年圈里，豪逸是一个“传奇”。

那一年，高考的作文题是“书生”，有一篇“满分”作文被《人民日报》公众号转载，引起很大的关注，它的作者就是李豪逸。但他因为已被国外大学录取，其实并没有参加高考，《书生》是他看到高考作文题后有感而发，随性写下的一篇习作。

有趣的是，这还不是他第一次因高考作文而引起关注，2014年网上盛传的浙江高考满分作文《门和路（启门一瞬观）》，也是出自李豪逸之手，那时他才刚刚初中毕业。

作为一个职业作家，我对文字的运营和节律非常敏感。一个人有没有文字天赋，思考的深度如何，趣味怎样，乃至是不是一个读书人，几乎一文在手，瞥眼即知。自微博时代

以来，文字写作日趋口水化，这应是一种无奈的倒退。

豪逸在我，是一个意外。

他显然受过很好的阅读熏陶和自我训练，写出来的是那种有“来历”的文字。更让我吃惊的是，这位九五后少年的古文功底甚好，能够创作讲究声律的诗词赋，那一年，杭州市举办一场国际文化论坛，发布的一篇善用铺陈的《人类与河流共同宣言》，作者居然是刚刚高中毕业的李豪逸。

我常常想，一代人有一代人的文字审美，但如同河流有底床，在文本传承的最底层，应有一脉相承的传统，其之维系，仅在若干人而已。在豪逸的身上，我似乎看到了拒绝断裂的可能性。

在上我节目的时候，豪逸已经被格林内尔学院(Grinnell College)录取，它的知名度在国内不高，却是北美最好的文理学院之一。他的母亲——杭州一所著名中学的校长，豪逸是她最好的“作品”——告诉我，这完全是儿子独立的选择。

今天入手的新书《村间世外》是豪逸的第二本散文集，也是他留学两年的日记体创作。

在字里行间，读得出他在那个“充满着玉米香气”的他国小镇，交友、读书、游历的种种新奇、获得与寂寞。才华有时候如温泉，一直在流淌，只是见与不见，有时候又如流星，惊鸿一瞥，永不再现。在豪逸的文字中，你常常能享受到他给你的惊喜和意外。

书如人生，在最激烈处也可有从容的铺陈，可是人生却未必如书，每每在不经意间别开一番预料未及的局面。

豪逸的人生刚刚展开，未来会在哪个拐角处偶遇天使或魔鬼，都是令人好奇的事情。不过无论如何，良好的修养和沉静的学术追求，都是应对生命莫测的最好修炼。

我喜欢豪逸的文字，和他的那种既我行我素又温润如玉的态度——

“在主动向一个人打招呼前，你永远不知道他会用怎样的笑容回应你的热情。”

是为序。

2019年6月9日 杭州

Grinnell日记 1

我在美国当“知青” 219

村间世外 383

人　间 453

附词作 476

Grinnell 四只
2017/8/16—2017/12/19

2017/8/16

【首日谈，并序】

完成了IPOP Check in list，洗完了在Grinnell校园内的第一次澡，坐在国内带来的电脑前。先前欠下的邮件都回复完了，之后的事情便都是全新的了——和我在Grinnell College的生活一样。

前几日洗澡都是去母亲临时租的公寓的，而今早她们一行也飞离了这个充满玉米香气的小镇。跟家庭的联系只剩下一根网线了，或者说连网线这个实体都不存在了，因为全世界都已经习惯于无线网络的存在了。天高家远，父母纵是想管也管不着。在父母的羽翼下生长了十八年的我，如今可以自由地选择自己的生活了。

风筝若是断了线，便会在空中放肆飞舞，追随气流狂风，直至力竭坠地。可若是飞鸟挣脱了锁链，便可恣意翱翔九天。不论是暴雨还是飓风，都不能左右它飞翔的方向。

风筝它无法控制自己，若是处于一望无际的平原之上，待风声一起，便随风而去。它听到迪吧中的呼唤，嗅到酒精的香气，或会不由自主地被吸引过去，随群魔而乱舞。所幸Grinnell虽地处平原，却是个确确实实的深谷。深谷中鸟语花香，暴雨被华盖所遮挡，狂风因岩壁而轻柔。除了阳光和雨露，无物可翻越它伟岸的身躯。飞鸟在古树的枝丫上筑巢，养精蓄锐，避免风雨损耗其体力。待日出云散，即扶摇而上。

阅书临帖，恰逢其时。

首周给自己定下的计划是：Say hi to everyone。这和中国的习惯是完全不同的，可真正执行起来，却让人乐在其中。从八月十三号到现在的短短几天里，我认识了许多中国各地的同学，也认识了来自澳大利亚、尼泊尔、日本、韩国、英国以及非洲各国的同学。我们一起闲谈、共进午餐、小组活动……如果说“say hello”算是搭讪的一种方式的话，我愿意与所有人搭讪呢：不论来自亚洲还是非洲，不论是白人还是黑人，不论是男孩还是女孩。我始终相信，当你知交满天下的时候，你便拥有了天下。了解各国的文化，了解不同的语言，了解迥异的思想，在去世界各地旅游时，总会有人能给你帮助……

在主动向一个人打招呼前，你永远不知道他会用怎样的笑容回应你的热情。

Hi，Grinnell！

2017/8/17

天气晴好，Host Parents说前几日连绵的雨并不是Grinnell镇常有的天气，看来果真如此。话说早餐真是非常的朴素，不过Mitsuki学长说开学以后菜式会丰富一些的，还算有点盼头。

早上在Harris Concert Hall听了关于Academic Honesty Panel的说明，要求但凡引用都需要标注，这跟国内通常的情况貌似有所不同（不过我也没在国内上过大学）。对于整个民族或国家的文化而言，论文的引用只是很小的一部分，但也能让人从细微处见真章，反思文化的差异。美国向来是提倡创新与改革的，当然希望学生能完完全全地将自己的思想和他人的思想区分开来。可中国自科举考试兴起以来，一直要求考生以圣人之心思考。八股取士时，但凡文章中的话语，都需要语出有典。当时的科举考试僵化思想，正确答案永远都是孔、孟、朱等诸圣之所思所想，而想要在这种考试中取得高分，最好的境界便是与圣人不分彼此了。当圣人的思想替代了自身的思想，全文都是先贤之话语，自然也就无所谓引用与否了。不过欲要社会进步发展，创新是必不可少的。圣人的话语也有对错，不论是孔夫子还是亚里士多德，都有他们成圣的伟大，也都有他们时代的局限。就如同当人类首次驾驭骏马时，骑士意味着人世间的极速，可如今马匹再也不是人们远行时的选择了。

网站上关于Sex和Alcohol的课程真是非常无聊，不过若是将其说成是美人与酒，那就显得浪漫多了，或许这就是语言的魔力。与一位教授交流时我提出了自己的疑虑："作为一个non-native speaker的留学生，学习English Literature会不会过于困难，难以跟上节奏？"对于中文的感知能力我总觉得是自己与生俱来的，不过对于英文的细微差异我就完全没有那么敏锐了。这几日始终在担忧关于自己选课的问题，根本不知道选择文科的课程会不会给自己带来太大的麻烦。不过那教授的回答打消了我的顾虑(to some degree...)：也许阅读会慢一点，不过也就是慢一点而已。是了，国内阅读时我读书的速度也比许多同学快，可也没见他们便无法学习了。如今只不过是我变成了较慢的那一个，但Grinnell也有充足的资源给予我帮助。不论是课后去找Professor、去图书馆，还是找到Reading Lab寻求帮助，我相信只要付出些时间，一切问题都是能够被解决的。正好身处国外的幽谷，国内的游戏都玩不上了，也算是创造了良好的学习环境吧。

晚上有ALL-POP的活动，该去吃晚饭了，吃完晚饭还要把衣服从洗衣房取回来(不知道哪位仁兄帮我把衣服丢进了干衣机，真是万分感谢。虽然我还是多跑了一趟orz)……忙碌和充实还是有所不同的，不过或许我抱怨太忙的时候，也是在为充实而感到满足呢。

2017/8/18

昨晚的party相当不错呢，从前在中国从来没有体验过这种在露天的音乐声中纵情跳跃的感觉，哪怕是小学同学、初中同学的聚会。其实也还是满拘谨的，这种与刚认识不久的同学，甚至完全不认识的同学一起玩耍的场景，真是从未想象过。

我背着包带着书去的party，可从头到尾都没有打开书本看一眼，只是白白浪费了玩耍的体力罢了。所幸一本书也消耗不了太多的力气，只是兴尽而返时觉着疲惫的身体有些支撑不住。

在闹市中读书是容易的，因为周围的一切可以完全与你无关：不会有人满脸笑容地凑到你面前，也不会有人挥手大喊来呼唤你加入游戏。热情是会传染的，嬉笑打闹间，原本被拉着加入的你，转身便去拉其他“不合群”者一起摇摆。大家都并不会跳舞，只是随着音乐用最“愚蠢”的动作摇晃蹦跳，展现出自己的喜悦与快乐。

G村的太阳落山很晚，八点多还有些微光，繁星在九点多时才得以露头。仓央嘉措诗中“恰似东山山上月，轻轻走出最高峰”的场景大抵是无法在村里见到了，因为周边都是一望无际的平原，种着大片大片的玉米，看不到山峦的踪迹。一层两层的房子是无法遮住漫天的繁星的，让人得以欣赏到“星垂平野阔”的美妙夜景，这是一种在大城市里无法得到的感动。

IPOP mentor的衬衫上写着“Who said north is up?”。是了，北方不一定在上边，那只是地图上的方位。不过至少我知道那万载不变的银勺还在那儿。夜晚抬头，许多年未见的北斗七星依旧在忠实地为人们指引方向。城市

已经失去星空了，但乡野还能找到它的身影。这和一些消失于繁华闹市的传统文化是一样的，失之于市，寻之于野。可若是乡野也失去了它，那就彻彻底底将它弄丢了呢。

今日早起，天晴。乘校车去得梅因办SS卡，没什么值得记录的。下午结束了IPOP，进入了NSO(New Student Orientation)的日程。老师说我们对于学校已经很熟悉了，至少比新来的NSO同学要熟悉，要帮助新来的同学熟悉校园，让他们感受到Grinnell的友好。的确，我知道各个寝室的方位，知道吃饭的地点和时间，知道洗衣房的位置……至少在Grinnell的生存是没有问题了吧orz

总算在native的方面比美国本土学生还有优势了呢，兴奋。

下午三点就要去NSO的small group见室友了呢，兴奋。我在寝室里看到了他的行囊，不过早上出门看来是错过了第一次碰面的机会……

……

总之很兴奋。

2017/8/19

又要从昨夜讲起了呢，毕竟每次记日记都是在下午，晚饭之后的事情只能放到第二天的日记里。幸亏我记忆力还算不错，不至于把美妙的回忆都弄丢了。

NSO相对于IPOP，趣味性的活动少了许多，总体来说比较无聊。不过昨夜的Color Game倒确确实实是很令人兴奋的。大家在Bear体育馆照完年级的合照，听校长致完辞，便两两一排向着操场走去了。一路上高年级的学长们手捧着电子蜡烛（弄丢蜡烛的打开了iPhone的闪光灯），为新生们指明前进的道路。一路上遇到相熟的或不相熟的学长学姐，都面带微笑，时而挥手招呼，时而击掌相庆。当时天色渐昏，苍穹染上了缤纷的色彩，而繁星正等着登台。据说接下来的是学校从今年起将有的tradition（传统，总觉得直接写不太对劲），所以没有人有经验，大家能做的只是期待罢了。当天空只剩下一丝深青色时，所有人都穿过了圆形的拱门，走到了绿地上。从学长手中的箱子里拿出白色或黄色的蜡烛，打开开关，将光芒捧在手心。而夜幕降临时，地上的星河比天上的星河还要耀眼。众人手捧蜡烛，仿佛宗教的仪式，又如盛大的舞会，可新朋旧友们相互交流的声音委实有些吵闹，竟煞了风景。

本以为这已是今晚的主菜了，没想到只不过是开胃的小食。一一放下手中的蜡烛，CA竟带队走到一旁让我们除去鞋袜。事先曾通知我们今晚要穿上不介意被弄脏的衣服，而除去鞋袜的原因亦是防止它们被弄成缤纷的样子。赤足站在夜晚的草地上，大地与青草的凉意从足跟顺脊柱而上，直通天灵。话说许多草叶被踩断了黏在脚底，还真是抱歉呢。

按照安排站成了一圈，正不知所措，忽然圈中的学长拿出了喷枪和颜料罐，对着大家喷洒。原本为拍集体照套在身上的白色T恤忽然沾染了或黄或紫、或红或蓝的色彩。众人惊慌地四下逃窜，偶遇几个提着颜料桶的学长，向我们询问是否想在手上倒点颜料。于是手无寸铁的人民拿起了“长枪短炮”，接着便是毫无秩序的“武装暴动”了。挥、拍、抹、涂、抱，来自世界各国的数十种拳技掌法都大显神通。昏黄的路灯照亮彼此的脸，背光处只能看到人像的剪影。相熟的人不必多说，打完招呼便上去搂搂抱抱、涂涂抹抹；不相熟的人亦无妨，交换色彩便是表示亲切与热情的方式。

待硝烟散尽，衣服上、脸上、头发上都是七彩的样子了。看起来我貌似是最惨的那个……走回宿舍的路上大家看到我都是一副吃惊的样子。乐观地说，其实还算人缘不错来着。待洗完澡，用纸巾吸去衣服上多余的颜料，我便将这被颜料浸透了的白色T恤收藏了起来。被色彩之神袭击了呢，但愿生活也和这T恤一般多姿多彩。

是夜，寝室安静得比以往早了许多。

19日下午跟室友Nicky走去downtown的Grinnell Hotel，学校的邮件里提到有班车可坐，不过因为其实也不远，便选择了步行前往。行至半途，突然听到有铃铛声与马蹄声响起，待定睛细瞧，发现学校所谓的班车竟是一辆双驾马车。赶车的大叔戴着大礼帽坐在车头，后边两侧坐着十来个学院的学生。王子与公主般的待遇，在乡镇的小道上，听着悦耳的铃铛声。不过马匹的味道着实有些熏人，还好我没坐马车。

有时候会有截然不同却又相似的两种感觉，是那种全身从上到下的酥麻感，似是过电的样子。通常在看到美妙的事物或是令人悲伤的事物时出现，伴随着或愉悦或难过的情绪。平常看到美景、诗词时，便是第一种感觉，教人心旷神怡；而当提及悲剧、惨案时，便是第二种感觉，教人黯然神伤。若是一个地方能让我常常体会到前者的美妙，定是个让我热爱至极的去处。就像天竺的庙里、西湖的柳下，Grinnell如今也给我这样的感觉。

在Grinnell Hotel看了关于志愿者和社区服务的视频，镇上的人们说，来自世界各地的学生带给他们不一样的角度，都非常乐意接纳学子成为小镇的一员。回想来到Grinnell后的种种，从晨起就有延续一天的好心情。向每个见到的人问好，不论熟悉与否。看来Say hi to everyone完全不是我所独有的觉悟，而是这个小镇上每个人的日常生活。

走在回宿舍的路上，渐渐西沉的太阳将光辉洒在万物的身上。绿色、黄色、棕色的树叶投下同样黑灰色的影子，跟我的影子是一个颜色。飞鸟的影子，昆虫的影子，松鼠的影子，以及从百年前到现在的建筑的影子，一切的一切都有一个同样的颜色。万物的影子都被平等地赋予黑灰的色彩，而上帝同样赋予万物一样的权利。我看到了黑色皮肤、黄色皮肤、白色皮肤的同学，我向失去左臂的同学、失去右腿的同学打过招呼……从清晨到黄昏的美好属于每一个人，包括日月的光影，包括虫豸的鸣叫，也包括问好的笑容。

总有种天下太平的感觉。

哦对了，上午领了盆盆栽和室友一起养着，我记得我撒了三分之一袋种子下去……过几天要拔几棵出来了，又一次感到万分抱歉。陶盆上写了我和Nicky的名字，还有Lettuce（莴苣），植物的名字。

2017/8/20

选课真是件可怕的事情，从下午三点多拿到表格以后就对着手机上的网页看到现在（00：00）。其实选课并不可怕，可怕的是选课加选择困难症。我对着表格勾了一遍有兴趣的课程，看了一遍每个课程的作业量，然后惊喜地发现感兴趣的课程都有非常让人绝望的作业量呢。拿了本子把大致确定的课程摘抄了下来，记录下时间、作业、内容，以避免时间冲突，或是作业量上太大的不平衡。

作为一个国际生，到底还是要夹紧尾巴做人的。千万不要在第一年就把自己搞死了，毕竟GPA不可逆。小心谨慎，好好做人。打工什么的我暂时还是不想了，真是可怕。

明天下午一点半去找Advisor讨论选课，所有材料都准备齐全了，应该会蛮顺利的吧。优先级最高的三个选项是哲学、语言学、经济学，都很有意思的样子。本来想学社会学、

人类学、教育学等等的，看了下作业量…… 小心翼翼地放到了备选里。

累死了，我什么都不想说了，晚安。

2017/8/21

昨晚选课看材料熬夜有点晚，一觉醒来便是十点多了，再慵懒地赖了一会儿床便到了十点半，洗漱毕近十一点。依稀记得昨晚的梦很精彩，不过实在想不起来到底干了些什么，似乎是从拯救地球到迟到罚站通通经历了一遍。话说分明已经离开中小学很久了，为什么还有关于罚站的梦，真是令人费解。倒是拯救地球这个伟大的梦想跟着我从小到大，不离不弃得使人感动。

和Professor约了下午一点半的面谈，在Burling Library的办公室。花了点时间想了想该给Professor留下什么样的印象，毕竟除去昨天Tutorial的课程，这是第一次一对一地交流。不过想来想去还是就这么出门了，没换上衬衫，也没特意洗头，随随意意地就走出了寝室。

学校发来邮件说今天有日全食可看，还给每个学生下发了观看日全食的眼镜，超贴心的。不过今天晨(午)起一看，

窗外乌云万里，总觉得没什么机会能看到，问了问室友，他也没有想去碰碰运气的兴趣，便差不多不了了之了。谁知下楼一抬头，太阳正从乌云堆里探出个脑袋，还已是接近日全食了。于是赶紧手忙脚乱地翻出眼镜瞅了两眼，掏出手机给Nicky发了个信息让他快下楼，接着继续盯着那半月形的太阳猛看。我也不知道作为一个非天文学家的围观者，日全食到底有什么好看的，不过物以稀为贵，能看到这天文奇观也是很让人开心的。

我很想给这日全食一段很帅气的描写，诸如：刹那间妖风大作，树叶在狂风中发出飕飕的声响。天上的太阳忽地缺了一块，似是羲和出游时路遇天狼，并被那天狼掀翻了他的座驾。只见朗朗乾坤颠覆，昭昭日月蒙尘，行人伸手不见五指，而四野牲畜狂嚎……只可惜事实与之相去甚远，真真是稀松平常。我刷完牙洗完脸，背起包走下楼。出门抬头一看，正好碰着日全食，于是呼朋唤友围观。眼看着太阳差不多被吞下去了，便低头继续赶路去见教授了。没有所谓天地乌黑，也没有所谓风云突变，便更没有所谓妖孽出世了。

所以夸张真的是一种相当重要的修辞手法。

不过同学们的反应在我眼里却是比日食本身要有趣多了，可能这便是理科生和文科生的区别吧。早上去刷牙的路上便有同学问我要不要一起去看日全食，而在我从宿舍走去图书馆的路上，也是随处可见三五成群的同学仰头观天。相机、滤镜、望远镜……长长短短的桶状物体都像枪炮般瞄准了天上那个由圆而缺的光球，似乎恨不得将它打下一块似的。走进教授的办公室，相互间的第一句话便是："今天你看日食了吗？"突然间大家有了一个相同的话题，有了一句好像"中饭吃了吗？"一样的问候。

所以这日食果然还是值得一看的。

选课的过程相当顺利，教授对于我把各种选项事先整理得那么清楚还是很惊讶的，想来应该是留下了一个不错的印象。感觉大学见教授就和约会见对象是一个道理，不过要把脑袋和形象调个个儿。腹有诗书气自华，切记切记。

今天下午基本把选课的表格填好了，晚上拿回来再最后琢磨一遍，明早签个字就可以上交了。感觉这重要的事情说草率那是绝对不可能的，但也没想象的那么可怕……或许是我的思想太得过且过、放纵洒脱了。选择的课程分了三块，都有最优选和备选方案，学校会负责分配的事宜，这比网上抢课要科学多了，照顾了“手残”和“网残”的同学。最后分到什么样的课程就要看运气啦，类似于抓阄。作为一个种种抽卡游戏中SSR和5星卡牌的吸铁石，本欧皇对运气还是很有自信的。

拭目以待。

烦请上帝、佛祖、无量天尊保佑……

2017/8/22

晨醒，光出帘幕之间；推门，日悬东林之上。

连着两天晚睡晚起，今儿大早醒来倒有些迷糊。清晨的阳光从来都给人一种闲适放松的感觉，而今天的任务也确实不重。提前七分钟走到了Burling Library，稍带些暖意的阳光穿过微凉的晨雾拂过身子，将影子投在人的右侧。阳光似有些青草与泥土的馨香，又混着文理学院独有的气息——或者说是小镇独有的气息。

签字、交表，踏了段草坪折返。这草坪常常被国外人高马大的汉子踩踏，想来我的体重算不上什么负担。高大的树木如一根根日晷般立着，投下长长的阴影。按理说每根青草也都该有它们的影子，不过有些运气不好的会被粗壮的树影挡住，便丧失了应有的权利。

回宿舍的路上瞧见草丛里三三两两地散布着乒乓球大

的红色果子，抬头一看，树梢上自然也是挂着不少。弯腰细看，很想知道它们姓甚名谁，却恨没有这方面的知识储备。一直觉得古代的诗人其实都是伟大的博物学家，从天文到地理，从走兽到草木，都知其名知其姓。像“红蓼花繁，黄芦叶乱，夜深玉露初零”这般的句子，我恐怕是难以写出来的，只因为我连红蓼、黄芦究竟长什么样子都不知道。而屈原如数家珍的香草，我甚至连名字都读不顺溜。如今空对着形貌各异的花草，仿佛对着一群美丽女子而苦于不知芳名，更可恨的是她们对姓名还都缄口不提。玩游戏时，花草树木、鸟兽虫豸的头顶上，都会标有它们的名字。可现实这游戏公司极其不负责任，把一个“树”字标到了所有植物上边。放眼望去，绿色的皆是一个字符：树树树树树树……全无所谓桦木、柏木的区分，顶多把最好辨别的松树单独列出。计划着空闲时找本图鉴一一背诵，好歹混个眼熟。或是去园林类的学校里待上数周，以便在街上遇见的时候，能喊出佳人的名字——这是个搭讪的好办法。

选课的结果是人类学（Anthropology）、语言学（Linguistic）和东亚宗教研究（Religion Studying：East Asia）。在考虑需不需要调整，因为总觉得阅读量和作业量有点大。不过至少都是很感兴趣的科目呢，果然我还算是个欧皇。

附今日所填词一首：

鹧鸪天

晨起阳东暮日西，星河岁序尽前时。
他乡明月何曾换？异国风光哪处非？

常彳亍，总徘徊，思量缘故欲期归。
金龟换酒黄粱梦，革履难更葛布衣。

2017/8/23

到一个地方久了，就容易生出些百无聊赖的感觉，觉着事事都不过如此，不好不坏。在Grinnell的日子说来也不久，不过在把不算太多的一幢幢主要建筑记入脑子之后，却也有了因为逐渐熟悉而产生的无聊感。

早上帮学姐把箱子从地下室搬到寝室，觉着有些累，便躺回自家屋里歇着了。饭点时走去JRC，接着是SLC的meeting。午后不久，与顾问教授约了关于选课的最后交流，即向南去了图书馆。进了图书馆也并未左顾右盼，低着头便向教授的办公室去了。了解到经济和数学都已经爆满，或许与选课有冲突之后，稍一思索便也接受了人类学的课程。一是对人类学也有些兴趣；二是想着省得费事，也就答应去试试。

于是日子变得和流水账一般无趣，或者说平淡。不过我并不希望这种感觉来得如此之早，让人失去热情与探索欲。

今天学校的晚饭是在草坪上的picnic，大约可以翻译成“野餐”。跟室友走了三五分钟到了地方，拿起纸碟取了些食物。Picnic的食物比往常晚餐要更合我的胃口，不过也还是不好不坏，不会让人难以下咽，也不会让人的味蕾惊醒。不过一切可可，或许便是不可。

所幸还有许多事情能打破这无聊的境地。比如明天将要正式开学，比如晚饭后到图书馆散步。在书籍的海洋里方能意识到自己对世界所知甚少，而对求学之地充满敬畏。新课程即将接触，图书馆皓首难穷。倒是无颜说对某地感到熟悉而无聊了。

万物皆是书籍，处处难以穷尽。从外边看图书馆不过是一幢四方的建筑，走进其内却有著作浩如烟海。恰如宏观与微观，须弥芥子。

路漫漫其修远兮。

2017/8/24

哇，新的学期正式开始啦！踏着一点也不整齐的步点，在响亮的进行曲声中向我们缓缓走来的，是各路教授职工组成的方阵。他们手上拿着各式各样的讲义，用各自专业的语调高喊着各种让人听不懂的话语，向各位观众宣告全新书山的开启。接下来是放假放傻了的各路学生的方阵……

——幸好Grinnell并没有国内一样的开学军训或者运动会。

今天说是第一天的课程，让人极其兴奋，但对我来说却打了些折扣。所选的课程大多在周一周三周五，周二周四只有Tut的课程，也即阅写课，Professor便是各自的Advisor。今天大约是最后的清闲日子了，不过早上上完课以后也还是拿到了作业。感觉难度或许并不会很高，但对于一个非母语的学习者来说，上课所消耗的精力是不容小视的。希望明天的宗教研究课以及语言学的课程，也还能让人接受吧。提前给教授去了邮件，希望能混个面熟。

万事如意，一切顺心。

话说总算在宿舍里收到了中国移动那张卡的信号，很多东西都可以重新绑定到新的手机了——以一种脸贴着窗户的姿势。果然G村是个大乡下呀。和室友吐槽的时候他也笑了，说玉米地里的确不需要什么手机信号，他的手机也收不到。

果然，发现大家一样倒霉也就能释然了，我还真是恶劣呢。

2017/8/25

早晨空气清新，早饭一如既往的贫乏。匆匆咬了几口面包，便赶去JRC的二楼上课了。往后周一、周三、周五的早上第一节课，都将设在食堂的楼上，倒也是十分方便的——又少了一个不吃早饭的理由。

初见Religion Studying的教授，便稍稍吃了一惊，不过转念想到她是教东亚宗教的，也就觉得本该如此了。一身灰色的僧袍，一个锃亮的光头，组成了教授的一副僧尼打扮。这门课的Ye Yujing教授是来自台湾的，并非英语的native-speaker，所以稍有些口音。不过也还是因为非英语母语的原因，语速也就偏慢，我得以全然理解她所讲的内容。

大学的教授似乎都被要求将每节课所授内容提前列于日程上，并一一标明要完成的作业——这对学生来说是件再好不过的事情了。对每节课的内容有了预先的了解，知道考试的具体日期和范围……尽在掌握，便能成竹在胸。

还在国内时我便对释道儒三教报以兴趣，阅读时也稍有涉猎。如今一翻讲义内容，便知果然所读杂书闲书，也都有派上用场的一日。看着讲义上拼音写成的《道德经》《庄子》，有种不知何处而来的亲切感。虽只是匆忙瞥了几眼，心里便有了想要做presentation（演讲）的内容，想要写成paper（论文）的主题。想来这门课无疑是选对了的，作为选课中保持作业量与课业难度平衡的一环，这样的感受是我先前有所期待的。

下课后许多高年级学长学姐围到叶教授周围，因需要进一步确定waiting list和注册的事宜（高年级和大一似乎不同），我便静静坐于自己的位置上没有动。想找教授预先定下做presentation的日子，顺带询问下课程的详细内容，觉着要花费许多时间，便让其他同学先了却问题。

待七八分钟后，人群散去，才是到了我所认为的最佳环境。稍作问候，即提出了我想对孔教与道教，特别是《论语》与《道德经》之间对“仁”之一字阐述的不同进行演讲。不过随着进一步的交流，我发觉自己所想的还是太片面了。因为东亚宗教研究这门课是100-level（大一入门级难度）的课程，所以许多美国的同学或许是不能很容易就理解我所想讲的内容的。教授觉得与其花费大量时间来向老美解释概念，不如选择一个简单有趣的话题进行分享。而这个稍有难度的话题，可以用论文阐明。

听说叶教授还有个佛学的小班，不知道有没有机会也感受一下。

下课回寝室后与Nicky一起出了门，步行去downtown的书店买上课的教材。美国的书籍价格极高，六七本买下来便是150多美元了，还包括了许多已经使用过的旧书。Linguistic的教材便是used的也要120余美金，本打算下午问问教授有没有电子版可以替代，不过询问完了发现还是要灰溜溜地再去买来。

语言学的第一节课便放到明日日记再提，教授也是个很和善的女士。即将迎来在Grinnell开学后的第一个周末，不过似乎还是需要为作业而担忧的。

万事如意。

话说Nicky这周末打算回家一趟，理由是："我打算开辆车来，再带个微波炉。"

……

老铁，就指望你了！快去快回。

2017/8/26

便从昨日未讲完的语言学课程开始讲起吧。

Linguistic这门学科的诞生是在1916年，学科之父名为Ferdinand de Saussure(费迪南·德·索绪尔)，是一名瑞士的语言学家。实话说在来到大学之前，对这门学科我是几乎没有了解的，比较相近的知识，大约是中国这边的训诂学了。教授大约在多年的教学以后，对于学生对这门学科的陌生也是早有准备了，上课的第一个问题，就是让在座的各位同学一一报名字，并讲出自己对Linguistic的理解——大多都毫无背景知识，只是怀着对语言的热爱报的这门课。

一堂课上二十多个人，教师让所有同学都讲一下自己的家乡在哪，并试着举例有哪些accents(乡音)。美国和中国一样，幅员辽阔。东海岸和西海岸之间相差了十万八千里，东西南北的口音亦是大不相同。在大家一一阐述时，我满脑子都是关于在中国上语言学的想象：南方的同学操着粤语或者吴越方言，北方的同学一口东北腔，个别少数民族的同学绕着舌头讲话……的确，差异非常之大。课堂上的国际生加上我有约莫三四个人，来自中国(我)、韩国、泰国和印度。自己的口音是很难分辨出来的，不过印度的英语大家该是有所耳闻。不过大多数同学还是来自美国之“江南”“塞北”的，而他们各自不同的口音，也是极有特色。如beg和bag的区分，cot和caught的不同，还有对于milk一词的不同发音。而各地对于同一事物的不同称呼，就如中国调羹和勺子的区分一样，不胜枚举。

教授说在语言的交流中分有signifier和signified两个不同的点，而超然两者之外的还有referent(教授写的是referrent——拼写习惯的不同也是很有趣的一点呢)。Signifier是指交流中你所发出的音，例如|tri|(tree树)。当说者发出|tri|这个音之后，听者脑海中所反映出的“树”，那个绿色的(或许)有着粗壮树干(或许)的植物，便是signified，是事物的图形。Signified是what in mind，对于每个不同的人来说都是有所不同的。有的人脑海中反映出的是樟树的样子，有的是橡树的样子，有的……而说者所指的树，那棵真实的树(actual tree)，即是referent。

同样的词语(word，或许教授指同样的发音)，在不同的语言中有着不同的意思(meaning)。我们不知道为什么把树称为“树”，它也没有任何理由被称为“树”(no reason why tree is tree)。不同语言对同一事物的不同称呼是没有规律可考的，除了mama妈妈、papa爸爸之类的音节，因为其易发音的特性，在大多数语言中都是近似的(貌似日语中对于父母的称呼有点怪)。

人类能发出的声音总共只有140种，而英语中不同的音仅有37—41个，而人类的交流便是这些简单的音节联合到一起，形成句子的结果。

以上，是第一节课的内容。

课后向教授询问可否使用录音设备以便复习，可否使用电子词典便于理解，都得到了肯定的回复。这门课程对于我等non-native speaker的最大难度，大约便是日常生活中对不同同学发音习惯地观察了。因为自己本身便不能很好地分辨开不同的发音，能理解便是万幸了。不过教授也对这点表示了理解，说语言学的概念我们还是可以很好地理解的，而这些观察，她也不会对国际生进行苛求。

果然Grinnell的教授都是很好的人呢。

此外，今天周六，室友回家了，稍觉无聊。宅寝室写作业，出门买书，继续作业，等晚上学生会活动。叙述毕，言简意赅。

2017/8/27

作业贼多，看着好做，实际费时。

宗教学27页+18页reading，下午晚上六七个小时读下来都没搞定。27页资料我做了13页笔记，全是干货，毫无注水。

所以注水真的是人类伟大的发明啊。

语言学还有30页没看，真是可怕。不过语言学的书成功在网上买到了电子版，从180便宜到了20，高兴。

继续看书去了，真是充实的一天呢。

等我回来当神棍。

……

By the way，书店周日关门，冒雨走去失望而归，不过也算是帮我省了很大一笔买书的钱。

2017/8/28

上完早上的课走回寝室，校园的草坪上飘着浓浓的青草的味道，混着些如红酒般的香气，沁人心脾。那是除草机与腐烂水果共同创造的香味，以清新与甜蜜遮掩毁灭与腐朽的现实。不知是否正值鸟类褪羽的季节，或是一阵战乱刚刚平息，方被修剪过的草坪上散布着零乱的黑羽，与半烂的李子和腰斩的绿草一同构成了夏末的美景。果然世间许多的奇景奇香，都是以破坏与死亡为基础的。

意兴阑珊时，所望皆萧瑟。

人类学的课程感觉是最难的，也有着最多的阅读量。下课后路经图书馆，便进去找Advisor谈了谈天，考虑是否在开学这几周换一门理科的课程进行均衡。出来的路上遇到了Maya，似乎是到图书馆自修的样子，看来大家都很努力呢。

回到宿舍还是打开iPad开始看书，是下午语言学课的教材。作业这东西我已经好久没有面对了，不过现在看来倒也宝刀不老，刷题刷书技艺没有生疏。幸运的是，那种解枯燥题目的烦躁感没有跟着回来。纵使花了六七个小时在宗教学的阅读上，也还是觉得所读到的内容让我有兴趣读下去。

都说兴趣是最好的导师，在小学中学时若是对一门课有兴趣，那便是相对于其他同学的莫大优势了。不过这在大学可行不通：谁不是在自己挑选的课程里享受呢？所以若是逼不得已选了不喜欢的课程，那恐怕就会是莫大的劣势了。

跟Advisor聊天时谈到，若是因为作业量的问题不得不选择不那么感兴趣的课程，我大约会感到很disappointed（失望）吧。那时她讲，她hope（希望）看到一个作为胜利者的Haoyi，出现在学期末她的办公桌前；不希望看到一个失望的Haoyi，不希望看到一个stressed out（累垮）的Haoyi，但最不希望看到一个fail（不及格）的Haoyi。以上，原话。

所以对于作业量以及GPA的考虑还是要慎重的，可对于那最好的最好状况，总还是可以试着努力的。

Anyway，加油吧。

2017/8/29

07：20起床洗漱。

08：00 Tutorial课程。

09：50下课，问教授问题。

10：20回到寝室，吃坚果补早饭。

10：30开始写语言学书面作业。

12：30写完语言学作业，Nicky开车带我去书店，书店买不到书，折返中饭。

13：30开始看宗教学萨满教材料。

15：00貌似看睡着了。

16：00醒来继续看。

17：10看完了宗教学萨满教材料，歇一会儿。

17：30开始看人类学《黑猩猩的政治》。

18：00找到了中文版，速度×2。

19：30去吃晚饭，边吃边看，中文版真方便。

20：20回到寝室，在一楼打印人类学和Tutorial的材料。

20：45继续看《黑猩猩的政治》。

21：00看完了。

21：10开始看宗教学《中国宗教简介》。

22：30看完了，很多已经知道的夏商周时期故事和中国古神话可以扫读。

22：35开始给人类学教授写邮件，因为觉得有一份article合集看不完了，密密麻麻的小字。

22：45在Nicky协助下发了封得体的邮件，开始写日记。

22：53日记完稿，洗个澡继续看材料。

……

Nicky真棒。

公众号收到消息说喜欢我的文笔，谢谢，不过今天可能时间不太够写东西，抱歉。

开通了原创保护，诸位可以在公众号下面评论了，开心。

2017/8/30

日子渐顺，除语言、饭食外，倒和高中一般无二——我指作业量。

学习有兴趣的东西从不觉累，累了约莫是“昏迷”过去，醒时精神抖擞，继续读书。

今日课多，上完课找教授“私聊”也花了些许时间，不过好歹是把问题都解决了。

写作业，读书，简单充实。

读罢作业十点三刻，竟觉尚早。还有闲情赋诗，稍经琢磨，附于下：

望月怀乡　进退格

日扣吴山呼月出，东天玉镜映行人。

描眉媛女应开户，提鸟闲翁早闭门。

边景昭　三友百禽图

油落金波香串嫩，灯惊银汉夜街晨。

仙都别后今何在？影动云分到此村。

末句用典来自张先“云破月来花弄影”，甚喜之。

日子会变得更有趣起来的。

2017/8/31

似乎除了让我全文翻译的便没什么提问啦，那就过了过了……

玩笑，稍作解释：

此诗为怀乡之作，望乡村明月，忆吴山夜市，有天上人间的失落感。

下为文言与白话的翻译，还考虑着能否译成英文：

日渐西沉，与吴山相嵌，似扣明月之门户，告知其上班时至。初升之明月是那东边天上的玉镜，将熙熙攘攘的人群都映照其中。那些在家中细细画眉的美丽女子，现在应该到了出门上街的时候了。那些提着鸟笼的闲散老汉们，想来早已在黄昏前回到了家中。油滴从香嫩的烤串上滑落，在油池中漾开金色的波纹。那些惊动天上银河的灯火，是繁华夜市的晨光。回想当初所见之如同仙人城郭的夜市，不知今天它身在何处？却见花影忽摇，乌云乍散，那映照街市的明月照向了我所在的小村。

诗歌一译白话，诗味变散了五成；如再译成英文，那便又去了一半；倘若译者功力不佳，就更是十不存一了。

我虽不愿当那蹩脚的译者，不过却也没甚么办法，只得硬着头皮，做这苦功。

今日只有Tutorial的课程，九点五十下课，课业不重。上课探讨了本杰明·富兰克林的自传，并对这个“完人”提出了怀疑。果然，天下乌鸦一般黑（意之所指不便点明）。

因为人类学的课程只在周一周三，故明日只需交两门作业，压力不大。最近觉得阅读速度加快不少，算可喜可贺；词汇量也增大许多，该普天同庆。

果然人都是逼出来的。

各种学习其实都是在日常生活中的，比如下午午觉醒来：

我，刚醒，一脸蒙：“几点了？”

Nicky也蒙：“？”

我，刚醒，还是蒙：“几点了？”

Nicky更蒙：“？？？”

甩头，回神，我问：“What time is it now?（几点了？）”

方答之。

脑子不清醒的时候，还是会用母语提问，几乎是下意识的。其实用第二语言交流时我的思维大部分还是在母语的体系中的，所以用第二语言到底还是有障碍。如果每次听与讲都要经过翻译的流程，就像思考问题时每次都要将思维在motor cortex中来回额外穿梭几次一样，会大大影响效率。若能直接用英语的思维思考问题就好了，不过这估计是一个superhuman的议题了。

以后每个礼拜的日子估计都是这样的吧，我猜：

周日：赶作业，快死了。
周一：三门课，交作业，拿新作业，赶作业，很要命。
周二：一门课，赶作业，我的天。
周三：三门课，赶作业，阿西吧。
周四：一门课，赶作业，明天没有三门课，还轻松。
周五：两门课，交作业，今天不想做作业。
周六：今天不想做作业……算了还是写一点吧。
看起来……很要命？
的确要命，不过效率逐渐提高，想来会好点。
不过作业量也会逐渐提升呢！——by Nicky
好了，你闭嘴。

2017/9/1

今年也算是过去三分之二了，恍惚间回想起去年十二月收到Grinnell录取信的样子，还跟昨日发生的一般。

那时在自家的床上，早晨迷迷糊糊睁眼，便被惊喜彻底唤醒。于是顺着网络奔走相告，让全世界分享我的喜悦。

时间是一个令人感到沉重又喜悦的话题，因为成长和衰老从来都是同义词，不过是同一个过程的不同阶段罢了。

未来也是一个令人感到沉重又喜悦的话题，而它与过去，亦是一对双生子。

去日难追，来日方长。

作为三维生物的人类，若是把自己放到时间这个维度上看问题，那便是自寻烦恼了。但世界上的傻子总是那么多，我也算一个。

有时经过的日子就像飞鸟褪下的羽毛，虽仍然美丽动人，却已然少了许多现实的意义。它可以是艺术、是回忆、是纪念，但飞鸟的身上却永远不会再看到它的身影。可有时这些日子，又不像那褪下的羽毛。因为过去的日子总会在人身上留下这样那样的痕迹，塑造了人的现在，也将影响他的未来。

有些怀念吴山夜市的喧哗呢，不过现在这样也好。

得过且过其实是一种美德。

如今日子虽无竹无柳、无泉无酒，却有良师益友、经文古籍。在远离尘嚣的村落里人也会变得清心寡欲吧，倒也合了此处的生活。

万事随缘，平平淡淡。

现在的愿望大概是……成佛？

太大了，还是参禅吧。

2017/9/2

周六，睡到自然醒，很舒服。想说的事很多，分四步，一一道来。

（一）

一早起来就看到杭二的学妹问我问题，迷迷糊糊中让大脑转起来的感觉，也蛮好。问题如下：

“一个比较奇怪的问题，古诗词和古代文人墨客的言行举止对当今有什么意义吗，会填词除了能装X泡妹子（误）还有什么现实作用么？”

嗯……很深刻的问题，好在我以前就有所思考，草草梳理一下还是能答的。

“现代诗有什么现实作用么？”我反问。

“装X……卖钱……可能吧……好有道理的样子。”

“或者说，文学这个学科，有什么现实作用？”补充道，“你把它缩小了，就是现代诗；再缩小，就是古体诗。”

好吧，这是从某种程度上来说的，因为在我心中古体诗的意义其实远不仅此。

最近在学宗教，而我对古体诗和旧文学的态度，也倾向于信仰。前面的日记中提到过：

“有时候会有截然不同却又相似的两种感觉，是那种全身从上到下的酥麻感，似是过电的样子。通常在看到美妙的事物或是令人悲伤的事物时出现，伴随着或愉悦或难过的情绪。平常看到美景、诗词时，便是第一种感觉，教人心旷神怡；而当提及悲剧、惨案时（想起“文革”时常常会有），便是第二种感觉，教人黯然神伤。”

其中的第一种感觉，我个人认为近似虔诚教徒对于“divine（神圣）”的感觉。我不会吝惜对于艺术瑰宝、文学明珠的赞美，甚至不会介意对它们顶礼膜拜。当它们身为艺术品存在的时候，我认为它们作为“某单一个体的造物”这一属性便已经淡了。对于它们的创造者我会憧憬尊重，但不会因此膜拜。这感觉就像对大自然的敬畏与向往一般，对人类整个族群也有敬佩与自豪。

文学不是社科，文学是艺术，我想。若一定要归类的话，我想大多数人会把文学家和艺术家归到一起，而非与科学

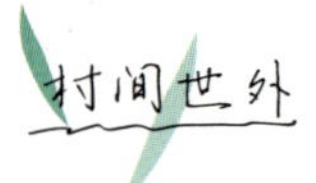

家——不论是社会科学家还是自然科学家。

艺术有现实作用么？

中国重理工科的教育竟至于此。

是了，人类的发展终究是要靠一步一步点满科技树的，但谁知人类会不会走上恶魔的道路？

（二）

稍清醒，又见有一评论存于《望月怀乡》诗下：

“美则美矣，毫无新意。”

为什么一大早要我讨论那么严肃的话题呢，小朋友……

“用了一千年写一样的东西。”我说。

省略了主语，主语是谁？我也不知道，因为解法很多。

乡愁，古时的诗人用了一千年反复描写。

乡愁，如今的我用那一千年来重新表达。

为什么人们说来说去还是那些东西，因为真实的情感就是这些。世间大多的语出惊艳，都是用惊艳的话语讲熟悉的事，比如爱情。剩下的那些都是举世奇才，可惜我并未天赋异禀，或说至少这首诗里没有超凡绝世。

从前我填词的时候功力不够，那些自己的真情实感讲不出来，便构架故事，“为赋新词强说愁”。现在我能把自己想说的都说出来了，便也与前人一样了。有乡愁的大约都是俗人，而由月亮引发的乡愁更是俗上加俗。

是狡辩，也是自嘲。

在达到如太白、子瞻般境界前，还需努力啊。没能在俗套中翻出花儿来，是我的问题。

（三）

昨晚梦很长，醒来居然还记得些许，算是惊喜。

梦见跟家里人出去玩，是一家农家乐。一路山水风光也不知是否取材于现实，有些熟悉，但又说不出来。农家乐的地下室是一间厨房，然后奶奶教我烧菜，似乎是煎蛋的样子。

日间倒也没有常常想到有关家人的事宜，但或许潜意识里存在着。

我一向不太写有关亲情的文章，因为总觉得一写到身边的人事，那流畅的文字便会变得有些凝滞。

它太厚重了。

有时候有些事情并不会写成文章，纵使写成了文章，也会用一种隐晦的手法把它给深深地藏起来。或许文章是日后回忆的一条线索，在往后想说处、能说时，回头翻出来，便又能说了。

（四）

不知不觉间日记已有一万五千字了，若打印出来，应也有不错的一小册了。有人问我这日记能做什么，有何意义。我想说，或许是出版成书，或许是留待回忆，都有它的意义。文学是有其自觉的，我大约能想到若将其发表的意义。在留学生日益增多的时代背景下，需要些细节，需要些思考，会有人对之感到好奇的。若不提我这还不成熟的文笔是否有文学的价值，这日记大概也有其作为社会学研究材料存在的意义吧。

这是我一直坚持写的原因之一了。我喜欢写，愿意写，也能写。而当我知道这些文字记下来必有其意义，有其影响时，便能一直有维持记录的热情了。

人贵自知，知其不善，亦知其善。

2017/9/3

周末，醒来看看视频，看看教材，写写作业。话说明天就周一了，难过。

晚饭是在host family吃的，说是host family，倒也没住他们家，更像是结对伙伴一点。因为Grinnell人少，所以每个host family都结对了很多国际生。有位来自非洲某国的仁兄还是他们国家的奥运会游泳运动员呢，Grinnell真是人才辈出。

住家阳台的夕阳很美，远丘有鹿，近原有马，左顾有鸡，右盼有田。除了夕阳是公有的，鹿是野生的，其他的都是他们家的。这种生活真是不错呢，养三条狗，喂两只猫，住一家人。

从前我不愿意多写东西只有一个原因："我没什么好说的，没什么想说的。"

现在除了以上的原因，又多了一个：“没空。”

仅此而已。

当初选了Religion study：East Asia的一个原因是想用背景知识给自己减减负，做一个作业量上的balance……

没想到这货作业那么多。

不过这的确是一个让我非常感兴趣的课程呢，若是错过了，也蛮可惜的。

不知道“塞翁失马焉知非福”用在这里是否合适，不过我相信缘分的存在。

顺其自然。

陈衡恪　菊石图

2017/9/4

天色很怪，灰蒙蒙中透着些淡黄色，像是杭州的雾霾天。

我本以为这乡下地方也有这种可怕的天气，如一个恶魔般跟着我漂洋过海，阴魂不散。不过傍晚得知，这奇异的天色是因为蒙塔纳州发生的山火。

又是许多生命的毁灭啊。不管山火是否会带来一片沃土，这些死亡是无法逆转的。

不知人祸与天灾哪个更可怕？

感觉自己也真是奇怪，开学第一周精神抖擞，若锐剑出鞘。此后日益疲惫，稍显怠惰。今天一接到论文的题目居然又斗志昂扬了起来，联系了 Writing Lab 的教授明天见面，并当场写好了大纲向人类学教授询问意见。

说是兴奋也罢，说是求知亦可，不过我觉得最大的可能是害怕自己搞不定，所以提前做起来。

一般来说拖延症都是在胸有成竹的情况下犯的，虽然有时会因为计算失误出些纰漏，但多数情况都是能在最后一刻前搞定的：比如以前最后一周搞定暑假作业。

这次心里没底，还是早点开工吧……

经验是个好东西，但是到一个全新的地方把从前的经历都封存，暂时作废，也是一个破而后立的好契机。

以前游戏打多了，便以游戏作比：

之前在中国已经到达了很高的程度，每升一级所要的经验条太长了，也就没了努力刷怪的动力了。

如今相当于从零开始，一点点读书刷阅历，阅读速度不断地level up，在异国他乡的为人处世也日渐熟练……

游戏最宝贵的就是这种肉眼凡身可以感受到的精进感了！

嗯……更不要说我现在还是越级打怪，给的经验特别多。

……

这么说来Nicky是我的队友，各科教授就是卖装备和经验书的NPC咯？

2017/9/5

【丹桂着花未？】

天气晴，风略大，温度渐低。

想来秋天近了，树叶被染黄，暑气被吹散……而故乡的桂花也该开了。虽然没有来自杭州的信使能让我问问“丹桂着花未”，但如今的通信技术也能让我及时地了解她的花期。

少了几分浪漫，多了几分安心。

小时候住在西湖边宝石山下，小区的院子里尽是些桂花树。到了秋天花开的时候，金的、银的桂花散发出浓郁的香气，虽透过窗户渗入家中，充满了整间屋子，可这几近溢出的香味却从未给我以腻人的感觉。

提着篮子，踮起脚尖，捋一把黄花在手，再将其撒入容器中。应是指间沾染的桂花的香气，在轻嗅时攀上了我的鼻尖，于是花香久久不散。桂花可做糕，可泡茶，端的是个万用的小玩意儿。当时撒些花瓣在写作业的桌上，伸出手指拨弄着，便可打发一下午的时间。沉浸于观察桂花铺就的桌垫，待清醒时才发现半点课业也没完成，故惩罚那些花儿陪我挑灯夜读。

生活比梦要仁慈，他允许你记住你想记住的美好。

搬家后小区的桂花少了，虽还能闻到幽香，但折而取之的事情却是不忍心做了。总是担心今天取了些许，明儿就闻不到她的气息了。站在树下静静观望，偶尔微风过，桂花撒满头。桂树下总是铺着芳香的毯子，介于繁花与春泥之间，似是等着归来的人们在此席地而坐，与故乡的天地重叙旧情。

现在她应也在等我。

美国有桂花么？若这一村没有，这一城没有，这一州没有，那其他的地方有桂花么？如果有，她的气息和故乡的又是否一样呢？

芳草的香气，苍松的香气，万物的香气都不一样。若她能寻到我，我便是闭目也能知她的到来。可我等着等着，等到了对的时节，却等不到对的味道。

我知道月亮上有一棵，可是我闻不到她的芳香，也够不着她的花瓣。当吴刚的斧头向她挥去，我心中便是一紧，一声呼喊已到嘴边。当斧痕逐渐恢复，桂树又是完美无瑕，我便长出一口气，重新获得了安慰。月亮实在有点远，也不知道我所以为的桂树，是否是对的。我望着月亮，看着明明暗暗的斑点，猜想着桂花的所在。

我想，我需要一袋桂树的种子，撒在所有我去的地方。

我能带着月亮，应也能带着桂香。

谈谈“腐”文化：恕我直言这就是种渣滓文化。

近年来网上所谓“腐”文化流行，通常是女孩子对“面容姣好”的一对男同性恋表示“好喜欢啊”“真爱啊”“太棒了”。

注意关键词“面容姣好”，说白了就是看两个帅哥搞基。

这根本就不是同性恋情的通常样子，可很多所谓的“腐女”还将此渣滓文化粉饰为“支持同性恋”。根本就是荒诞不经。现实中许多同性恋本就是普通人，并没有“腐女”想象中的帅气面庞。我甚至在有些地方看到过诸如“那么丑搞什么基”的评论。从未见过所谓“腐女”对长相不好看的同性恋者表示“喜欢”“祝福”。

同性恋者对所谓的“腐”文化应该是根本不感冒的，因为这根本不是对他们的支持，只是将同性恋作为“卖点”的恶心作品，其本质就是迎合某一特殊受众群体的，以某种意义上的弱势群体为噱头的文章。同性恋本身与一般爱情并无区别，应处于平等的地位，而不是被恶意消费。许多人只是跟风罢了，上不得台面。

此外，许多恶意配对的现象更是令人作呕。学校里班级中两男生玩得稍好，便被扣上“一对”的帽子，被围观起哄。很平常的代买水或拿东西的事情，也被视作某些“含情脉脉”的举动。

知乎上有同性恋者匿名评论说：“这种对‘腐’文化过热的表现久了也会惹烦普通妹子和直男，加深了他们对同性恋的厌恶感。”“‘腐’文化一定程度上来说其实又把同性恋更特殊化了。”我不认为“加深”一词用得妥当，应该是生生“造成”了这厌恶。

是了，本是两不相干的事情，被强行扯上关系，换谁都不爽。

作为娱乐消费，就不要强行往脸上贴金，上升到为同性恋者呼吁的程度。本是跟男性看后宫作品一般的行为，偏要拿到大庭广众之下，还鼓吹这才是真理与正义。

实在滑稽至极。

就如邪教组织，极端而疯狂。

甚至不如邪教组织，虚伪而恶俗。

组织中有些不那么狂热的信徒还想着把自己择出来，表现出这只是自己的一种兴趣，自己和其他人不一样。对此我不想做评论。

降降温，把邪性去了，便只是一种低俗文化而已了，现在连低俗文化都不如。

若想支持同性恋的权利，不论是男同女同，都有专门的组织，有正规的渠道。真正的支持者不该如此作为，以至于更拖后腿；伪装成支持者的反对者，我只能说面目可憎。

三千世界，万亿生灵，从来生而平等。
高高在上，指指点点，思来有何相异？

此外，悬崖勒马为时不晚，也不要轻易给自己下“腐女”的定义，以免对号入座，怒火攻心。

2017/9/6

【论抄】

早上起来便看到关于匪我思存等上诉《三生三世十里桃花》抄袭的消息，法院审判的结果也看似非常合理：

对方侵权事实成立，但驳回原告各项诉讼请求。对方赔偿50万元，但涉嫌侵权的电视剧仍可售卖。

于是抄袭得来的巨大利益几乎未受损失，分出去的“赔偿”不过是九牛一毛。该抄袭继续抄袭，该拍电视继续拍电视，只剩下被抄袭者“凉透初心”。

说来《凉凉》这首歌真是好听呢，而由此改词的讽刺歌曲《抄抄》，更是回味无穷。说到底还是“天下文章，负尽文人”。

匪我思存自己微博的标题是：今天我胜诉了，却一败涂地。

为何一败涂地?

因为“做坏人，成本太低了”。这样的判决无疑是给所有抄袭者指明了方向，将榜样高高悬起：随意抄吧，抄完赚钱啊！赚来钱分出指甲盖大小给原作者，剩下的便可尽入私囊。当个抄袭者来钱多快啊，而且许多中国的百姓对抄袭的容忍度也格外地高。他们说着“只要好看就好了”“我看故事，不看作者”“××× 真帅啊，我喜欢这个角色”，便将欲哭无泪的原作者遗忘在角落里了。

愧疚，因喜欢《凉凉》的旋律，这首歌在我的歌单里已经躺了很久了。虽每次听到都要为中国版权保护的羸弱而感到难过，但一直没忍心去删了它。可如今我知道，若所有人都留恋抄袭作品以及其衍生物的“美好”，那抄袭这事，必定无穷无尽。这就仿佛购买皮毛者与野生动物之间的关系，没有直接的伤害，却是伤害的源泉。抄袭者是拿着猎枪的偷猎者，原作者是手无寸铁的生物，而我们这些观看的、订阅的，便是身着毛皮大衣的贵妇富翁了 —— 身上沾满被抄袭者的鲜血。

“用典”与“抄袭”的区别在哪里？或许是欣然承认并报以敬意吧。古人诗词中常见“天若有情天亦老”之句子，这经典名句因其无穷的魅力被历代文人墨客用于他们自己的诗词之中。“衰兰送客咸阳道，天若有情天亦老”“天若有情天亦老，月如无恨月长圆”“天若有情天亦老，摇摇幽恨难禁”“伤怀离抱，天若有情天亦老”“天若有情天亦老，人间正道是沧桑”……从唐代到如今，此句从未失去活力。为何我们从不说包括欧阳修、石延年、毛泽东等人在内的历代骚客是抄袭？因为他们都对原作者李贺抱有最大的敬意，也都不会不承认自己的引用，不会去试图掩盖原作者的身影。

世间最大的讽刺就是人心不古。一是因为发展至今竟要回头以古人为榜样，二是因为当今社会道德还确确实实不比曾经。

曾向庾郎赊妙笔，因知好用不思还。

取人所爱之物，却因好用而不还，与强盗何异？我从来就不信“人心本善”“人心本恶”的学说，因为我认为人心从来就是复杂的，部分生而善，部分生而恶，大部分却是生而混沌。混沌者可教化，善者无需教化，恶者教化不灵。

法律若不能让为恶者得恶报，反而放任恶行之收益比被惩处之损失还大，百姓要之何用？所谓法治，到底还是人治。可人治总有弊端，称“法不外人情”。

前几月曾见一说法，道：“法律判罚应符合社会预期。”虽仍觉大错特错，却忽然有些向往。

2017/9/7

前几日似乎心里戾气有些重了，但确实是说了想说的。

胸中块垒，不吐不快。

总是对文字报以感激与崇敬，因文字中含有令鬼哭使神惊的力量，而它竟对我垂青。

我并不是个坚定的无神论者，我始终相信每篇文章、每首诗歌，都有它们的魂灵。这些魂灵们或抽泣，或长啸，或盘坐，或奔跑……将它们独有的一份情感展示给阅读的人。它们将主人的情感传递至今，融入时间长河，跨越千载岁月。这些魂灵依赖文字的魔力，有些能存世久些，有些在主人死后便烟消云散。

不知道因我而诞生的魂灵们能有多久的寿命？比我还早便寿终正寝也说不定。但活过毕竟是活过，各种长度的生命都有存在的意义。或如玄龟般长寿，或如蜉蝣般短命。不管是何样的文字魂灵，对书写者来说都是闻道之音。山峦有其悠久，烟火有其灿烂。灿烂而悠久的，不过少数而已。世间大多的，都是二者皆无的凡骨。可谁言残烛之光不耀眼？谁言道路之尘不长存？

便是沉没在了时间的长河中，也算是为历史添入了一滴水珠。

陈衡恪　墨兰图

2017/9/8

第二周的结束，第二个周末的开始，觉得比前一星期要适应多了。

来到Grinnell之后，就如同所有到达新环境的人一样，开始提前准备所有的事情，以防因不熟悉而被弄得狼狈不堪。总希望把事情都重新放到掌控之中，有一种几近病态的掌控欲。

可事情从来都是——不随人愿的。

当初选择Religion Study：East Asia是为了保证一个作业量上的平衡，可谁知道这竟是作业量最多的一门。每天数十页的阅读，关于宗教的题材，超出掌握范围的单词……真是让抱着如意算盘的我欲哭无泪。

好在我这人运气一直不错，估计是投胎前强抱了幸运之神，沾了不少灵气。Linguist这门课给了我一个不大不小的惊喜。每周一、三、五有课，竟只有周一有阅读作业，而周三没作业，周五不过是一两页的答题。

于是作业量又回到了我设想的程度，虽然形式有些不同……

真是种美妙的运气呢，比一切都按预期进行，还要有趣而动人。未来最迷人的地方，便是她从来不让人摸透她的心思。同样是一个温暖的怀抱，也不肯随着你设想的方式。而当你唤她踮起脚尖时，她却偏偏抬起了头。

也罢，由你古灵精怪便是。

【赤子心尚永——送叶翠微校长】

（应桃李文学社邀，作此文以送叶大）

若一艘帆船仍有盼望的彼岸，纵是掌舵的人走了，也会有无数的人握紧原先的舵轮。前贤所航行的道路，是后辈攀登的阶梯；后辈所继续的方向，是前贤未尽的理想。而杭二便是那艘载满无数师长学子梦想的大船，曾由叶翠微船长掌舵，高悬名为赤子之心的风帆，在学海中乘风破浪。英雄之志在于星辰大海，曾披荆斩棘，冲破狂澜。纵千难万险，老船长从来初心不变，而象征着这巨轮的星辰，一直是学子混沌的视界中最耀眼的那一颗。

赤子心尚永，青年人不再。纵使拔山盖世，征服学海的英雄也有渐老的那天。潇洒了一生，终不愿在心爱的大船面前显出老态。操舵十七年，看遍此间百态，也该把舵轮交给后来人了。他转身挥袖时，似乎依然是意气风发的模样。如尧之于舜，如舜之于禹，渐老时能寻得优秀的接任者，亦是人生之乐事。

一面蕴藏着灵魂的旗帜是永不会倒下的，总会有人接任旗手的职位。接任与取代是不同的，因接任者从来都是满怀尊重地从离去者手中接过旗帜的。曾在叶大身旁成长，并接任了另一艘巨轮的船长，又回头执掌起了熟悉的舵轮。

儒雅、自信，重回旧地的尚可船长稳稳地把住了那船舵，前进的方向几乎没有偏转一丝一毫。或许在掌舵与扬帆的习惯上有所不同，可轮船的目的地从来未改。目标高远，正道直行。

这艘历经百年的轮船，在数代蕙质兰心的君子手中，将巨浪狂澜一一跨越。

笑看钱潮涌巨浪，澎湃浙水四海行。

先前如此，现在如此，将来亦如此。

2017/9/9

慵懒的周末生活，作业什么的都好好规划了一番。

提前开始写的人类学论文这周里便搭好了框架，留下了议论和例证引用的部分待将来一一填入。宗教学的PPT也已经差不多搞定了，加入了不少动画效果，应该还是不错的。

话说周末的阅读量还是有点大，一堆麻烦的电子书要看，真是头疼呢。

几乎在寝室宅了一天，写写作业、看看动漫什么的，也没啥想说的。

此外，现在中国应该已是9月10号教师节了吧，祝天下师长教师节快乐。

包括我妈。

2017/9/10

作业是多的，压力是大的，牢骚是不少的，真要抱怨出来倒是不太想细说的。

想来人可真是奇怪呢，便粗略地讲讲。

都说背单词很重要。没错，的确很重要，不过如果以为单词背了就可高枕无忧了，那就大错特错了。

你永远会见到一些画风清奇的词。

比如中文中的橐、籥之类的词，一般人都不会识得（例出《道德经》第五章）。许多英文的词汇就算是美国本地人也不认识，很不巧的是，阅读材料里就有它们的友情出演。

“Nicky，你知道dryopithecine是什么意思么？”

“啥？”

“那么afarensis呢？”

“哈？”

“Australopithecine呢？”

“啊？”

“Bunodont？”

“纳尼？？？你拼给我看看。”来自怀疑我发音有问题的Nicky。

于是拼了一遍。

“……你给我看看怎么写的。”

于是把文章给他看。

“不认识。”终于放弃了。

这世界真可怕，有时候用了字典都不知道这词什么意思，有的词字典里还没有，要上网查。

希望考试别考，我觉得我肯定是记不住怎么拼的。

好在都不是特别重要的必须记的内容呢。

此外，用外语学语言学也是件蛮头疼的事情，总觉得音标都和国内学的音标是略有不同的系统。一系列名词也是要记忆的了，比如摩擦音、破擦音、滑音等等。

任重而道远。

2017/9/11

记日记的时候差点把日期写成9-12了，算了算觉得不对，才发现已经是凌晨了。

那便长话短说。

周一周三有三节课，最忙。周二周四有三节课的作业要写，也忙。

人类学的第一篇论文终于写好了，打算把草稿先给教授瞅瞅，多改几次。因为deadline是在14号，所以时间也不能算太宽裕了。

突然有点担心我的GPA，有个报了其他课的同学说她找Writing Lab和mentor都改过的paper还是拿了C，真是可怕。

第一学期，保命要紧。

胡公寿　花果树石图

附口占鹧鸪天一首：

鹧鸪天

曾立危楼望远鸿，暮山凝紫晚江红。
良辰必伴豪情度，胜景仍需墨客封。

清道叟，卖荷翁，别时俗雅尽成空。
丹青唱和闲时喜，夜梦云吞拌小葱。

2017/9/12

【阅尽天下，不负初心】

出国前许多人问我未来的打算，我总是和他们说，我是要回国的。不仅要回国，而且要回到杭州。大家都和我说，人的思想是会变的，不要把事情说得那么绝对。但我就是确信，确信我一定会回去。好像六岁的孩童看上了一个玩具，便撒泼赖皮地把它抱在手里，我如今撒泼赖皮般地说：我是要回去的。

其实我一直对未来没有什么规划，想着回去读两年中文，想着回去干脆窝进图书馆里，或是想着开间茶馆、开家书店，但都只是漫不经心地随口一提，或许记在心里，但也并没有一定要达成的执念。随遇而安，万事陶陶，对于将来如何并不是非常在意，只要有书、有琴、有笔，外加有口饭吃便可。

唯有回到杭州这件事，我是认真的。

人说话总是要有底气的，若是心中没底的时候，讲话是做不到如此“决绝”的。我说我要回杭州，我肯定要回，我一定要回，我必定要回。斩钉截铁，因杭州给我以底气。

陈洪绶　莲石图

不论是书、琴、笔，于我而言，离了杭州便是不同。于山水佳处读书，万化冥合，心领神会；于山水佳处抚琴，高山流水，鸟语花香；于山水佳处提笔，生花点睛，挥毫万字。

前几日上网得一视频，为《杭州印象诗》。伴交响乐，观故乡景，眼眶微润，几欲泪下。隔荧幕看故乡，就如画屏中的山水，可望而不可即。我将视频拿给室友看，并和他讲，这视频里的角角落落，我都是去过的。我想，杭州的山水于我而言，是唯一的佳处了。山峦江河，草木虫豸，似乎万物都曾入我眼眸，再见时总有熟悉的味道。风花雪月，携侣曾游；春夏秋冬，冷暖皆知。我看着北山街的柳树从翠芽点点变作绿絛万千，也看着南山路的梧桐由黄叶飘零直至飞雪满身。一日日，一月月，一季季，一年年……脑海中的印象可如录影般肆意进退。我能想象太阳从雷峰塔的边上升起，又在钱江新城的那头落下，也能想象残荷枯枝的湖塘一瞬间布满接天的莲叶。

既有深情，缘何远游？

若干脆平平淡淡，守一城终老，似乎也是个良选。可我还是想出去看看，看看浙江的，看看中国的，看看世界的大好河山。我到过苍茫东海的边上，也到过喜马拉雅山的脚下；我到过六朝古都的桥头，也到过黄石公园的湖畔；我到过人烟稀少的村落，也到过车马喧嚷的帝都。国门内的巡游，国门外的留学，都是给自己一个机会看到不一样的世界。从方言到小吃，从住房到出行，不同的文化与风情给人强烈的冲击。会在哪日改变了念头吗？我问过自己。可我依然选择远游，选择暂时地离开我的故土。灿烂的烟花或能迷了我的眼，奇异的文化或能失了我的心，可唯有在取次花丛后毅然决然地选择，才是最深的情意。人总要向故乡证明自己：万里山河皆可去得，最终驻留一地绝非无处可去，只因眷恋此城。

阅尽天下，不负初心。

2017/9/13

七点多打开电脑想写日记，突然想起有Tutorial的论文要写，便先以paper为重了。待写完paper已经十一点半了，竟无多少时间给日记。

早起上宗教学、人类学课，上午便结束了。下午多了写作指导的一节课，上完马上赶去上语言学课，也是满满的。三点多回到寝室，睡了一觉醒来就五六点了。接着晚上便是写论文的时间了。

屈指一算，倒也简简单单，无甚可讲。

Tutorial的教授很nice，因为这次课要交论文的初稿，便直接免去了这次课的阅读，留待以后。庆幸遇到了个很棒的教授，不然今晚怕是又要通宵了。

用英文写文章的困难度果然比中文大多了，不过我相信这都是殊途同归的。待以后英语水平和应用熟练度达到了一定的高度，大约也会如写中文文章般易如反掌了吧。

下午下课回寝室的路上踩到一硬物，弯腰捡起发现是榛果。校园里大大小小的松树上也结满了松塔，大约都是松鼠的食物储备吧。

真羡慕呢。

陈嘉言　竹石梅鹊图

2017/9/14

早起Tut的课，交流了第一篇paper。回到寝室开始最后删改一遍Anthropology的paper，改完拿去教授的办公室。吃完午饭把Tut的paper再看了一遍，跑去找Tut教授问修改意见。问完意见就地在图书馆开始改，改了一半，四点半在图书馆和Tut的写作指导会面，看看我修改的方向正确与否，并进行了一定量的语法纠错。回寝室后倒头就睡，感觉这几天熬夜赶文章腰酸背痛，分明没咋走路运动居然腿酸手臂酸。醒来吃饭，吃完继续改paper。

总之，一天都和paper有关了。

我可真是学术呢……

发觉从日记的字数就可以回顾自己的一天是忙还是闲，不过其实有时候手瘾上来了就算熬夜也刹不住车呢。

2017/9/15

本来以为周五就能多写点了，没想到一堆事情要做。

上午上完宗教课去找Writing Lab谈了谈天，中午回来写Linguistic的作业，上完课回寝室瘫了一会儿，躺着躺着就睡过去了。

话说paper又发回来可以改了，那就改改吧orz

希望周日会很空~

有些话题想多讲讲呢，不过还没组织好语言。

大约是关于中文日常写作和英文学术论文的差异吧。

Nicky周末有活动要参加，这周末寝室就我一个人了，觉得可以搞事情。

但仔细想了想……好像也没什么事情好搞呢。

2017/9/16

一觉醒来都快中午了，毕竟Nicky不在，一个人在寝室颠来倒去也无妨。

醒来看了看消息和邮箱，觉得最好先改论文，就动手开改了。

说起来准备充分的感觉真是不一样，感觉最近在G村待着英文水平也能稍有提高。前面和Writing Lab的教授谈过了，自己的很多观点也都有印证。拿到老师修改的稿子在很多地方居然有胆子点“拒绝修订”，然后写上自己这两天改好的句子了。这和以前改文书的时候是完全不同的，当时基本是一路接受修订点下来，看都几乎不用看的了。也不是说对修改文书的老师有不信任或如何，只是因为自己的自主意识更强了，希望在文章中表达更多自己独特的想法。

今天外边风很大，在寝室里便可以听到窗外呼啸的风声。约莫是暴风暴雨来袭，这日子走出去感觉不大安全，就我这体型指不定就被风吹飞了。方便面在这时候就是救命的好东西了，而且好好学习与方便面似乎很搭的样子。据说G村的冬天很冷，而我寝室到食堂又是没有室内通道的……看来屯粮是很必要的呢，就和过冬的仓鼠（松鼠）一样准备好食物吧。

总觉得逐渐适应的同时，作业和各种杂七杂八的事情也都渐渐多了，果然学校也是精明的呀。回想起来那些基本要把我弄崩溃的作业也都是……适应期内的，再想了想以后的作业量，真是不寒而栗。

2017/9/17

【谈语言】

所有的文学都是搭建于两个基点上的。一是对生活的洞察，称为慧眼。二是对文字的熟悉，称为妙笔。有慧眼者，可登高峰，开天目，窥红尘。世间万事皆可入眼，从树干到草芽，从烈阳到寒雪。山峦江河，掌纹秋毫，一一默记于心，所见之事皆有深思。有妙笔者，可作韵文，咏万物，叙古今。世间百态皆可着笔，从诗歌到曲赋，从八股到白话。段落章句，字词笔画，一一烂熟于胸，所思之事皆可下笔。眼笔二物，相辅相成，缺一不可。有眼无笔，便如哑巴满腹经纶，终究难以开口。有笔无眼，则如文盲口才甚好，到底废话连篇。有所思，皆能写，方可成就锦绣文章。

对文字的搬弄都是基于深厚的阅读基础的，而我所指的阅读不仅仅是读书那么简单。人从新生睁眼的一刹那开始，便在阅读一个或多个语言体系。牙牙学语，习字读书，都是人生中阅读的一部分。这从小开始便不断接触的语言，便是母语了。很多语言中蕴含的东西，不是去学习一门外语便能掌握的，因为细微的差别实在是太多了。比如同样是拥抱，embrace和cuddle的区别在于后者更强调物理的意义，是不能用于“投向某事物的怀抱”的。或许英语专业的同学老师可以分辨许多，可对于非母语者来说，那一定不是全部。许多时候问本地人为什么这样用比较好，他们也答不上个所以然，只是说“觉得”。诗词炼字时的细微区别，许多国人也感觉不出来，比如“推”与“敲”孰好孰坏，又如“春风又绿江南岸”的“绿”字妙在何处。很多用法本就是约定俗成、自然演化，而有些成语典故，也只是作者的灵光乍现。这些细细碎碎的微末小事，由语言学家系统归类研究以后，才成了如今的规范。

不同的语言都有各自的侧重点，或说有各自的局限性。当两种语言交汇时，要求同样的想法用不同语言表达，可这之间总有细微的差别。比如日本作家小林一茶的俳句：“我知这世间，本如露水般短暂，然而，然而……”同样美，但与原文仍旧有些不同。日本与中国同处亚洲，并深受汉唐文化的影响，所以思维的差距尚可忽略，但是英美与中国就全不相同了。如今的白话文已经向英文的句法靠拢了很多，暂且不论，以古文的翻译为例。

出于《兰亭序》首句的“是日也，天朗气清，惠风和畅”，翻译成英文便成了“Today the sky is clear, the air is fresh, and the kind breeze is mild”，即“今天天空很晴朗，空气很清新，和蔼的轻风很温和”。而《蜀道难》的“噫吁嚱，危乎高哉！”更被译为了“Alas! How precipitous! Alas! How high!”。(两例来自张其林《翻译之艺术》)这真是太可怕了，可诸位且先别笑译者蹩脚。翻译之人都是堂堂大家，如《兰亭序》的翻译便出于林语堂先生。这令人绝望的翻译，到底还是因为语言体系的巨大差异。不同的语言之间，总是有壁障的。

所以诗歌翻译最高的境界便是再创作了，不是逐字逐句地去“译”原作者的文章，而是通读领会之后，用自己的笔来重写。可“领会”与“重写”却是极其困难的，“领会”要求译者有该语言的文化背景，如此方能完全地理解文章的内涵，而“重写”需要翻译语言的深厚功底，要求不输于原作者。如此，试问当今世上有谁敢放言与李杜并驾齐驱？

翻译实难！

2017/9/18

【谈醉酒】

吃完中饭回寝室的路上，一韩国的小哥谈起他昨夜醉酒，道尚有些头晕。向来不喜酒味的我则劝：“少喝点便是，切莫喝醉了。”可他反驳说，喝酒从来都不是喜欢味道，而是喜欢醉酒的感觉。据说喝酒本身是并不有趣的事情，可喝得微醺了，就觉得一切都很有趣了。可醒酒以后会觉得很愚蠢很不好意思么？并不，因为早已不记得了。

从先秦时吟唱的“湛湛露斯，匪阳不晞。厌厌夜饮，不醉无归”到如今网上流传的“一人我饮酒醉，醉把佳人成双对”，醉这种独特的感觉，自文学初兴便被宠爱，到如今五十甲子未改。那些流连烟花之地的文人骚客，倒也有令人惊叹的长情。

可醉是从来不肯让才子佳人独享的，而是将自己的美妙带给了几乎所有愿意接受它的人。归家后，宴会时，同好

程璋　双猫窥鱼图

友，与亲人。帝王醉卧美人膝，老将醉里挑灯看剑，诗人自称臣是酒中仙。勇士喝完壮行酒出城，书法家饮尽杯中酒挥毫。不管是“村酒好溪鱼贱”，还是“长安市上酒家眠”，都有一番醉意在心头。逢乐事则金龟换酒，不如意亦浅斟低唱。醉是适合所有情绪的，一碗杜康入喉，能助兴，可解忧。

有酒则借酒而醉，无酒则疯癫自醉。“长鲸吸百川”般尽兴固好，可“潦倒新停浊酒杯”也是常事。这世间诸多狂热执迷者，尽是自醉之人。行喜好之事，陶然自得，则自醉助兴；失所爱之人，倍受打击，亦自醉解忧。

醉壮痴儿胆，无人晓断肠。

2017/9/19

昨儿夜里刚躺上床，便不知为何有些想家。我用想家这个词，而不是乡愁，是因为只是有点淡淡的感觉，不久就散了。看来还是不够忙，人通常在闲时才会出现这种心情。

高克恭　雨竹图

有时候这种感觉就像是蚊子一般，伤害不大，却很恼人。因为它挥之不去，似乎潜伏在心房的某个角落，待不注意时便出来让你痒上一会儿，还是处于某个挠不着的地方。黄叶飘飞时，残阳渐落时，夜深人静时，无人知道它出没的规律。当发觉时，它已经在那儿了。

稍稍一算，一学期已过了四分之

一了，圣诞回国的机票也已订好。流年暗中偷换，倒也不是件坏事。

如今上课主要有两个难题，一是因为教授，二是因为同学。

首先，有些教授的板书真的看不懂，突然很怀念小学、初中、高中老师的板书了。某教室的黑板似乎常年不洗，重重叠叠的影子好似艺术家的画作，这时白板的好处就凸显了。

至于同学，主要是美国也是个幅员辽阔的国家，各地的乡音（accent）都不同。比如milk发成malk……就很可怕。教授上课讲的我倒还听得懂，到同学发言时就很糊涂了。有的语速奇快，有的声音极轻，让人绝望。

问题总是要解决的，教授的板书可以问当地的同学，也可以下课拿着半蒙半猜的笔记直接去问。不过同学的话……我暂时还没有想到什么好的办法。

2017/9/20

今天贼忙，累死了。

早上爬起来去上宗教学的课，上完马上跑去上人类学课，然后吃饭。吃完饭回寝室稍歇，下午一点 Writing Lab，下课十分钟后上语言学课。以后每周三大约都这么忙。

国内没打的疫苗今天补上了，左臂一针右臂一针，倒是很平均。护士小姐的服务很人性化，一进去就开始唠嗑，莫名其妙两针就下去了，附赠俩创可贴。

明天 Tutorial 的课作业有些多，真是头疼。

附新词一首：

望海潮·黄昏

东霞呈暮，西云藏日，东西一并阑珊。

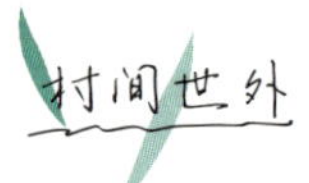

矮灌蛩鸣，高松鸦叫，矮高尽在胡言。
小径乱枝间，落阳照斜影，独我蹒跚。
欲敛神情，欲收心绪，笑装欢。

晴时放目平原，若扫清烟瘴，踏破群峦。
世界方圆，目穷浩土，思量可见长安。
因以羡天仙，万里须臾变，无此潸然。
也慕庄生晓梦，一念渡河山。

顾鹤逸　梅鹤图

2017/9/21

Em...辛辛苦苦改了三四稿的paper拿了个C，贼难过。不过好歹还有一次修改的机会，还能尝试挽救一下。

真是头疼啊，并不知道教授想要什么。

貌似是我中文说一半留一半的习惯，不太好？需要点明要点。

明天有宗教学的presentation，好运吧。

2017/9/22

虽说paper的修改尚有些不尽人意，但今天的presentation格外地顺利。除了有些紧张语速太快之外，教授说都蛮出色。Presentation占总成绩的15%，我拿到了14分，开心。

上午去找Tut的教授谈paper，人不在，于是下午再去。下午教授时间很满，但也抽出了20分钟陪我分析。最后截止的日期似乎是下周五，尚有时间。

语言学课之前去找了语言学的教授，询问了关于语言观察作业和考试的事宜，大约可以搞定。

人类学教授前边询问的时候表示这几天没有合适的时间，按下下周再找。

终于周末了。

2017/9/23

下周三就有人类学的考试了，真是……平生第一次那么虚。

套路不明白，知识点也不知道踩到了没，甚至单词拼写都要好好花点时间。什么直立人、东非直立人之流的奇葩词汇，不清楚要不要求掌握。

大概是关于阅读的材料的吧，祝我好运。

话说Nicky买了机票去密歇根看女朋友了，真是相当的潇洒……

在寝室里窝着看看动画片也蛮舒服的，周末歇歇吧。

2017/9/24

上周还在想为什么语言学教授那么nice居然这周五不留作业，把due延迟到了周一，今天做的时候才发现这次的作业是真的多真的难。明天上课前再去问问看吧，感觉有些地方可能答得不太规范。前面的语言学作业得分都是9/10的样子，这次怕是有点悬。

归庄　竹石图

Paper又改了一稿，果然拼命去想还是能压榨点东西出来的。上次和教授见面的时候问她我们会不会过度解读了，不过她说“过度解读”这种东西是从来都不存在的。作者想表达的可能就那么一点，可读者能读出来的远远不止作者所想的。大概这就是为什么一万个人眼中有一万个哈姆雷特吧，不知为何想到了死鱼眼中诡异的光。

很多时候吧，因为不去努力而没拿到好成绩，能有个借口说我努力一下就好了。不努力还拿了好成绩，那就可以吹好久了。所以不努力的性价比还真是高啊。

努力了拿到好成绩，开开心心，觉得理所当然。但是，如果努力了成绩还是不咋地，那就很让人抓狂了。不过借口总是有的，特别是我这种脑子还算好使的，想个借口真是轻轻松松。不过成绩不会因为借口而改变的。

想起上周五教授送我出门的时候说的话："I appreciate your hard-working."

但总是还不够。

2017/9/25

Anthropology的paper拿了24/30，80%的样子，勉勉强强过得去，至少自己心里还算可以接受。

下午午觉睡完，拿着辛辛苦苦做完的Linguistic作业去上课，几乎踩着点走进教室，发现空无一人，忙打开手机看了眼时间，确定下自己不是一觉睡到了第二天。退出门看到墙上贴着告示，说是老师上午两节课上完太累了取消了下午的课……查了下邮件，大约是一小时前发的。

倒也不错。

去找了一趟Tut的教授，把paper的thesis挖到了美国移民individualism的层面，帮助甚大，又要好好改一下了。

此外，Anthropology的考试延迟到下周去了，教授真的很nice。

2017/9/26

天气凉了，下了一整夜的雨，似乎把太阳都给浇熄了。

无甚悲秋情绪，只是出门需多加衣服，带上伞，稍嫌麻烦。

早上上完Tut的课就回寝室补觉了，开门一看Nicky也又睡那儿了。一觉醒来已是中午，下午把paper又改了一稿，希望能符合老师的要求了。

蛮得意地和Nicky说，我的日记已经有twenty-seven thousand words（27,000字）了，想来等回国的时候能印出很厚的一本。

总觉得食堂的饭菜不咋地，或许是因为怀念老爹的手艺了。生活在一处久了，总会少些激情与壮举，平日想着的都是些琐碎小事。而回忆怀念的时候想到的也是那些零零碎碎与唠唠叨叨。黄灵庚教授说我的词少年早熟，无锐气，是成人思维，仔细一想确实如此。哈，可能老了。

玉盘珍馐荒凉，不及往日家常。

朋友圈里看到刚升高中的学弟学妹在刷对初中同学的怀念，而我那群升入大学的高中同学也有追思高中生活的。人果然都如此，虽总是在回头看，可从来不会停下前进的步伐。回着首，流着泪，依旧“高歌猛进”。当初升初中后我在写怀念小学的文章，到高中写初中，进大学写高中。等哪天毕业了，或许就把整个学习的历程摆一起怀念了。

胡公寿　香满蒲塘图

恍然间意识到，我这十八年来，已经与人生中的许多地方说过永别了。这永别是空间上的永别，从前旅游去的许多地方，虽人生漫漫，我可能也没有机会再去了。逼仄而古老的伦敦地铁，落日下的格林尼治天文台，乌云下的喜马拉雅山，自然独特的黄石公园，风月无边的秦淮河畔……还有许多不那么著名的小地方，一时连名字都记不起来。不管印象深刻与否，皆是世间无二的去处，可有意无意间，都已经不会再去了。这永别也是时间上的永别，纵使特地抽出空闲旧地重游，那风景也和原先不同了。树木换了叶子，河流换了水滴，时间使景物陈旧，风雨使建筑苍老。“回”这一字是人类永远无法完全达成的，能完成的从来都只是它的一部分而已。

这永别大概就是人们喜欢拍照的原因了，借影像来挽留留不住的时光。可照相终究只是照相，看得见而摸不着，徒增困扰。

或许四年后也要和Grinnell说永别了，空间上的永别。那时便会像如今思念杭州似的，在闲暇时将它想起，被名为思念的飞虫扰乱心绪。世间所有的凡俗之事，本都独一无二。每一只松鼠，每一颗榛果，每一枚松针，都有不同的样子。经历的每一分每一秒，也都有不同的味道。

细细碎碎，一一留意的话，怕是会被别离的伤感淹没吧。

说无悲秋情绪，回头全是妄语。

2017/9/27

早起上课，午前上课，午后上课。

下午去上语言学的课，忘带作业了，下课后回寝室拿了再去教授的办公室。顺带把Linguistic paper的初稿拿给教授看了，反馈还不错，接下来打磨打磨就好交了。DDL还远，可以先放一放做别的课的事。

Tut的paper又反馈回来修改了，数了数修改的稿数，都快赶上当年写文书了。真是不容易啊，晚上洗完澡看了集动漫，权当放松。

泡椒笋干、泡椒凤爪吃吃，日子算是滋润。

听说小学同学要在杭州开个人音乐会了，人在万里之外，有些遗憾。似乎大家都有独特的爱好和出众的才华呢，甚好。

2017/9/28

收到了教授很不错的反馈呢，大约再改改就能拿好多了的分数了。Due 延到了下周一，教授虽然嘴上说着“反正是你们的周末不是我的”，可真是很温柔呀。

明天就周五了，心情不错。今天作业量也不算大，下午午觉睡得很舒服。

果然世界还是很美好的。

2017/9/29

周末又来啦，Nicky也又出去了……还真是超精彩的生活呢。有考虑着下学期也报个什么社团玩玩，感受下social的魅力。

下午午觉睡过头了，打算睡一会儿结果睡了俩小时，害得语言学的课迟到了。

晚上和爸妈视频了一下，算了算也有个把礼拜没视频了。都没什么变化的样子，大约故乡也是一样，甚好。

有考虑把以前开坑的小说写下去，大约是仙侠题材，不知道读者会不会有兴趣。

题为《方寸一界》，是个关于寻找的故事。

2017/9/30

从食堂走回宿舍，恰日落时分。天空尚是碧蓝的，还没有转作深青或漆黑。阳光与阴影的分界线渐渐攀上大树的枝头，阴影中的树叶是青绿色的，而被太阳照耀着的叶片，一一泛着灿金的光。我在大树下驻足许久，看金光渐退，翠绿愈浓。约莫一刻钟后，整株树都失去了太阳的照耀。

黄昏。太阳暂时地离去了，仿佛一位发须皆白的老者，渐渐伛偻。可我知道，在地球的另一端，他尚是白马侧帽的少年。

大概就是此刻吧，杨柳岸的晓风送走了残月，旭日从钱江的入海处升起，灵隐的宝刹闪耀着光芒，如玉镜般的湖面泛起金鳞，全都同我曾经见过的一般。

在地球的那端，是新的一日了。去年的此时我应是在香港，早晨五点起床，高唱着国歌奔赴SAT的考场。一切恍然若梦，如白驹过隙，忽然而已。儿时从不知“历历在目”一词是何意味，而今总算是通晓了。走进海关时转眼看到的家人，SAT 考场拥挤的人群，刚入高中时班主任老师的笑容，初中军训时滴落的汗水，以及走入小学时手足无措的心情，我都还记得。

我想祖国本身也是如此，五千年往事历历在目。不曾忘记那名为禹的男子为治水患四处奔走，不曾忘记名为孔丘的老者将儒学撒遍九州。从秦皇汉武、唐宗宋祖，至皇觉寺的沙弥、正白旗的贝勒。黄河的奔腾，长江的流淌，都是她记忆的一部分。她记得威加海内的气魄，记得万国来朝的雄威，也不曾忘记丧权辱国的耻辱，“文革”十年的教训。

每个国家都和平常的人一样，记得美好的芳华，不忘痛苦的岁月。可时间从不等候，永远裹挟着万物众生，向着未来疾驰。不论是蜉蝣之小，抑或神州之大，在来自另一个维度的力量下，都显得无足轻重。如悠悠众生，中国她也不得不背负过去，不畏将来呢。

你的年纪，怕是自己都数不清了吧。好在我也没有蜡烛需要插在蛋糕上，所以岁数也不是很重要了呢。不论如何，生日快乐。

2017/10/1

看到宿舍的门上贴着关于Moon Festival的告示，意识到中秋节已渐渐临近。据说每个在异国他乡的人都曾对这中秋充满怨念，只因“每逢佳节倍思亲”。CSA在那天要举办活动，还是蛮期待的。

天下没有一个地方是完美的，我虽一直在念叨这学院的好，但眼睛也从未漏过渐渐腐烂的秋实上飞舞的苍蝇和宿舍楼前大树上密密麻麻的虫洞。可我依旧满意一年前的决定，远离大城市、大学的繁华，来到远离霓虹灯照耀的学院。

天下没有人是完美的，可人总能找到相宜的环境来进行补足，或用他山之石修缮自己的小屋。大概越是性格上不那么social的人，越需要一个小的环境来挤压自己，将交流的圈子打开出去吧。

下午央Nicky开车带我去了趟超市，也没买什么东西，只是饮料喝完了得补充一番。我和他提到了国庆，提到了杭州现在的拥挤，也提到了留学生回国率提高的趋势。起初我说，大约是因为中国的发展终于走到了前列，才让更多的人回去的吧。后来想了想，又补充了一句——或许被“文革”摧残的文化自信，又逐渐地回到了国人的身上。

吃晚饭时谈到了机票的价格和时差，算了一番，似乎吓到单纯的美国孩子了。他说他不该抱怨飞密歇根看女朋友要300$的，因为差距确实有点大。是了，回国不易，出国更不易，求学实难。

夜里离开宿舍去洗衣房取衣物，天气略冷，寒意迫人。

抬头望天，恰见月出云海之间。

2017/10/2

早上人类学考试，虽有复习，但还是心里没底，待成绩下来再谈。中午午饭时听说拉斯维加斯的枪击案，有些惶惶。

考完试觉得特别累，下午睡了一会儿，语言学课前醒来。

上课前随手抄了遍《临江仙》的格律，一旁的Ben看到了问我这是什么，便从中文声调的角度跟他解释了一下。

大概会是语言学论文不错的素材，果然以前学的一切都是有用处的。

2017/10/3

周一刚把Tut改完的paper交上去，新的任务今天就下来了。这次初稿的due是在下周二，可还没啥动力开始写啊，真是头疼。

其实校园里有趣的事情还是很多的，比如厕所的门上贴了张告示，上面说CA（宿管学长）丢了他的胡子和头发，找到者奖励美金……其实只是理了发吧，居然还贴上了他的照片。

宿舍一楼大厅的角落看到过一些神奇的东西，比如皮带，比如……condom？真的难以想象发生了什么。

气温真的渐渐下降了，不过比气温更可怕的大约是空调。今天Tut的课是去图书馆地下室的电脑房上的，温度很低，同学们都说It is freezing了。抱着胳膊打着哆嗦，撑完一节课发现外边也暖和不到哪儿去，就回被窝里取暖了。

天凉需添衣了。

2017/10/4

【中秋篇】

草地上的两只乌鸦忽然振翅，划过一条弧线掠过我的身旁，停在了右前方松树的枝头。羽翼带起的风扑在我的身上，被新添的外套挡了个干净。

前些日子被阳光照耀的大树，已有一半的叶子黄了。黄叶在风中簌簌落下，如在梦中失去了气力的蝴蝶。待黄叶落尽，便又是一片苍翠了吧？可当黄叶飘零时，绿叶也在转黄，到最终约莫还是空空如也。

数周前草坪上那满地的果实，现在已经散发出了腐烂的气味。蚂蚁和苍蝇在抢食，混乱中夹杂着些不知名的小飞虫。

三两只松鼠已是死去了，躺在地上无甚动静。前些日子摆着尾巴乱窜的生灵，如今去寻它们满盈榛果的天国了。余下的生者似无感伤，依旧忙忙碌碌地觅食备粮。天气转凉的这周，好像它们的活动也更频繁了，大概是因为冬季的逼近吧。待白雪茫茫之时，不知存者有几。

几日前曾将在寝室内猖狂飞舞的蜂赶出房门，如今见时它已躺在回廊中无法动弹了。我不知道它是如何进入我的房间的，可它或许也不知道自己是因何而死的。我不知道自己该不该为它的死负上责任，也不知道它应许的寿命有几何。

黄黄绿绿，荒荒凉凉……今日便是中秋了，可所见一片萧瑟又是为何？

还未见明月，便已有秋心。

纽约寄来的月饼，吃起来竟有家乡的味道。宗教学的教授是个台湾人，本打算赠她一枚月饼，却忽然想到出家人不能吃蛋，便作罢。分出一个给室友居然还有些舍不得，想来也就这种事上自己最为小气了。在杭州时总喜欢吃些冰淇淋月饼、巧克力月饼之类的新奇玩意儿，如今还是莲蓉蛋黄最合胃口。

往年的中秋，常是一家人与爷爷奶奶一同过的。可今年我已在万里之遥，爷爷更已撒手人寰，实是难以团圆。古人说“千里共婵娟”，不过千里实在是太短太短了。

我在思考今晚是否出门赏月的问题，始终得不到一个肯定的结果。月亮的阴气有些重，哪怕是再圆再亮，也给人寒冷的感觉。广寒广寒，真如其名。

天难老，月常缺，天不老时人亦老，月能圆时人不圆。

丁酉年八月十五，中午十二点二十五，于格林内尔。

思量许久最终还是出了门，总觉得如果不去赏月的话就会缺了什么。

今晚的月亮很圆，甚至如太阳般有些耀眼。都说月明星稀，果然在中秋明月的清辉之下，是看不到星空的。这一轮玉盘高高地悬在那儿，似邀人舍弃凡身，继而乘风归去。可惜我身子甚至还不如子瞻，定是受不住那琼楼玉宇的。

仙翁去后，清致谁识？

月亮看久了，身心都会感到清寒。不知是这明月冷，还是我所处之处冷。坐在寝室楼前的长椅上，就像往昔坐在垂柳环绕的湖边。都是孤孤单单的一个人，心境却截然不同。前者是身心一致的孤独，后者仅是肉体本身。

看得见摸不着的明月光，虽这触之不及已让人神伤，可一想到我连这清辉都留不住，便更感难过了。天下万事，告别总多过重逢，别离总多于团聚。良辰美景都如晨露般转瞬即逝，剩下的皆是苦苦寻觅美景的时光。

然而这转瞬间的韶光，常能照亮永恒的黑暗。

我能想起父亲闲时带我去龙井时的茶香，能想起母亲携我参加聚会时的笑声，能想起奶奶为我准备热水袋的温暖。往昔的一切都深深地刻在心头，回想时常能勾起微笑。我还记得幼年走出房门时，看到爷爷焚香拜佛的背影，也记得乘船送他还乡时，沿途撒下的花瓣的颜色。将往事背负，方能不畏将来。

这可爱又可憎的明月，既然无法弯弓将她射下来，那便随她去吧。

黄慎　莲塘双禽图

2017/10/5

下下周便是秋假了，有那么些胜利在望的感觉，不过黎明前总是最黑暗的……没错，我指的是各种考试各种due。

算了算，这两周大概有三篇论文要搞定吧，还是有点难度的。

Nicky好像是生病了，咳嗽不停，劝他去看校医也不肯，真是伤脑筋。

等秋假过了，这学期也就过了一半了。这时间也真是飞快，转眼便数月度过了。离回国，感觉也不远了。

撑住，快要回杭州了！

2017/10/6

CSA在Harris Center举办了中秋晚会，济济一堂，座无虚席。下午午睡醒来晚了，踩着开始的点进去，自是没了位置。恰见Tut的同学在后边站着，便同他站在了一起。节目很棒，开场一曲《月亮代表我的心》，接着是日本同学带来的《千与千寻·神隐》，节目的质量还是不错的。果然不仅是中国的同学对这节日感兴趣，东亚的各国同学都有参加，美国的小伙伴也来了不少。

Tutorial的paper修改稿的成绩也下来了，B+，算不得太高，但也算对得起十多稿修改的努力了。与native的同学，在这种方面暂时还是没法比的吧。作为一个追赶者的姿态，实是无法怠惰了。

下周有两场考试，许多paper的due，略紧张，不过无妨。

渐渐胸有成竹了么？其实没有，毕竟考试还是完全陌生的模式。

2017/10/7

几乎在床上瘫了一天啊哈哈哈……看看课本，写写论文，看看动漫，写写文章，完全不冲突哈。朋友圈里留学的各位都在分享美食的样子，真是太太太太太过分了，这不是在欺负我村里人么。有点想吃老爹炒的菜了来着，学校的伙食什么的，也就是勉勉强强过得去啊。

Nicky的病貌似没啥好的迹象，早早睡了，但晚上还是会不舒服发出些声音，心疼。

嗨呀，没想到我这弱鸡体质，到了美国还是可以百毒不侵的，我大天朝的环境真是锻炼人。

周五早上的大雾感觉是完完全全由水汽组成的，和杭州的霾吸起来感受完全不一样……其实还蛮喜欢雾中朦朦胧胧的景象的，好像仙家的住处一般，不过若是有健康困扰的话，大约就欣赏不来了。

2017/10/8

感觉这次的论文，就内容而言，第一稿就达到了上次修改了三四稿之后的水准了吧。

啊哈！进步什么的是显而易见的！

今天一天也没什么可讲的，就是睡觉吃饭看手机写作业而已。晚饭去晚了五分钟食堂关了，真是难过呀，回寝室煮了泡面，感觉囤的粮食足够吃一个月了。

明儿就是周一啦，周末总是那么短暂orz

2017/10/9

风从远方吹来，带动树叶飕飕作响。声音似乎跑得比风要快些，于是远方树叶的声音先进入我的脑海，继而才是身旁传来的声音。那风吹在身上稍有些冷，向我反复地宣告秋的到来。层云偶尔散开，露出青紫色的天空。

走廊的灯做成了从前煤油灯的样式，但内里总还是与从前不同。连绵的拱门分开了石板与草地，也将阳光与灯光斩成一截一截的样子。早晨去上课时，日光从拱门外射进长廊，那交替的光影分明地打在石板上，带着清晨的气息；饭后回寝室时，灯光自长廊内投向草坪，同样交替的光影将日暮的草地染上金黄或青灰的色彩，散发慵懒的味道。

一生中总会见到各样的美景，或一时惊艳，或百看不厌。惊艳者如沧海之晓日，危峰之耸峙；不厌者如故乡之日暮，爱人之眉宇。许多事物本是寻常，可常年相伴，总生爱恋。

人的审美从来都是主观的，是由心而生的。抱以浪漫之心，则花草树木皆是洛神湘妃；抱以无趣之心，则琴棋书画皆是木柴废纸。

人心动，世界生。

金城　花卉图

2017/10/10

洗完澡上床才发现日记没写，赶紧衣服一披坐到桌前。

今天Grinnell天气很冷，气温骤降，大约只有七八度的样子。风很大，在寝室里就能听到毫不停歇的风声，出门时风吹在脸上有些生疼。

晚上完成了Tut paper 2新一稿的修改，又上传了Linguistic的语言观察。Writing Lab的quality paper也又写了一段。回头一看发觉自己的效率还是蛮高的，要是没有语言问题需要反复修改的话，大概也不会那么累了。

上午上完课回寝室的时候往床上一躺，暖洋洋就睡着了，醒来都已经过了饭点。果然寒冷的日子适合冬眠呀。

2017/10/11

Anthropology的exam拿了27/30，换算成百分制大概也算上90分了，很高兴来着。每周三都是最痛苦的，因为日程都是安排满的。中午躺在床上很想睡一会儿，但太亮有些睡不着，迷迷糊糊中闹铃响了，该去Writing Lab了，超难受的。

秋假前的这周是最crazy的，各种exam各种due，算是黎明前的黑暗吧，幸亏有接下来的假期给人以希望。不过在假期里也还是有paper任务的呢，真是残忍。

屈指一算，出国竟已两个月了，岁月年华实是弹指一挥。若说适应，各科的课程倒也还跟得上，但还远远不能说完全理解吸收。课上的讨论总有些语言上的顾虑，心中的想法有时要兜兜转转好几圈才能用英语表达出来。不过，总体而言还是不错的，站稳脚跟，可以专心向前看了。

秋假没什么旅游的安排，一是因为自己懒，二是因为实在没做过这样的计划。国外乱跑我还是有点慌的，毕竟路痴，而地名的发音我也真心搞不清楚。下次有假期或许找几个同学约约一起出去吧。

下午找完教授回寝室，床上一倒就睡过去了。感觉根本不能算午睡，应该叫昏迷了。一觉醒来居然错过了和writing mentor的appointment，要再约过了，不过好歹是找了教授了，效果大约更好。

2017/10/12

早晨的Tut课是在食堂的Whales Hall上的，教授说是早餐授课，真是新奇。话说这厅的环境真是好，之前倒是没有注意过。

下午改了整整三篇论文，脑子都快炸了。明天还有两场考试，希望好运吧。

秋假就要到啦，有点期待。

周围美国的同学似乎都是要回家的，可惜我家有点远，只能留守啦。想来那些飞虫和松鼠也和我一样哪都没打算去，也算是心理平衡了。

2017/10/13

早上迷迷糊糊爬起来去考宗教学，下午又是语言学的考试，真是可怕的一天。

考试考完整个人都软塌塌的了，哪都不想去，啥都不想干orz

感觉人类学、宗教学的成绩都会很不错呢，可是语言学……恕我直言，真的有点答不上来。果然考试和作业还是有区别的呢，希望能捡到些分吧hhh

2017/10/14

大多的同学都回家去了，偌大的校园有些空落落的。走在长廊中，坐在食堂里，四下走动交谈的同学都少了许多。也许这就是所谓lonely的感觉吧，终究是源于alone的处境。或许那些出游的同学便是为了避免这样的窘境吧。冷冷清清，灯火阑珊。

冬天渐渐逼近了，天黑得越来越早，晚上七点多吃完饭回寝室，已是不得不借路灯的光照来识路了。三四层高的建筑后边是深青色的天空，投入眼帘的只有漆黑的剪影。连夜的雨后，草坪上随处是水洼，偶然一脚踩下去，便是连泥带水，不过竟有些柔软。

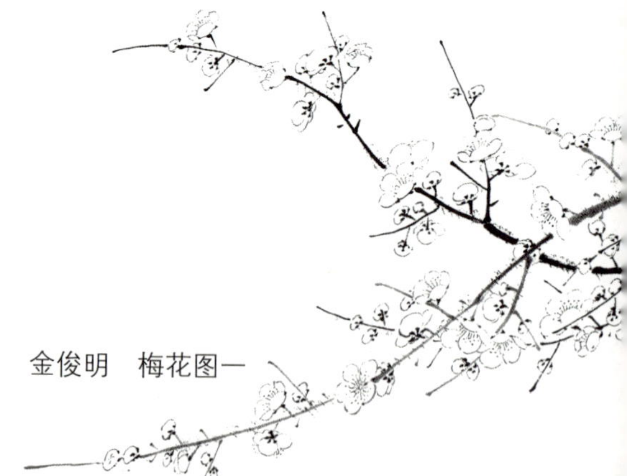
金俊明　梅花图一

转眼间两个月就过去了，再两个月就到了圣诞回国的时候了。时间这东西，你且不去管他，他便自己悄悄地溜走了。倒是想他快时他愈慢，求他慢时他更快，还不如随他去了。

秋假的第一天，觉得自己的拖延症又犯了，并不打算去考虑其他论文的问题。暂且歇歇吧，微笑着看看自己的日记，翻翻已写的小说，总有与看别人写的东西时不同的乐趣。

金俊明　梅花图二

2017/10/15

在两个月前，拎着大包小包的行李，我住进了Grinnell College的寝室。那时还是夏天，虽属于温带大陆性气候Iowa不像杭州般闷热，但身上却总也有些欲出汗的微潮。两个月过了，天气转寒，再穿短袖便会冻得直打哆嗦。翻开行李箱，取出秋冬的装束，也把在黄石公园买的熊掌拖鞋给祭了出来，以便过冬。

听后辈的同学提到SAT和TOEFL的考试，竟有恍如隔世的感觉。当初在这泥沼中拼命挣扎的记忆，现在若无人提起，大约会被永久地尘封吧。有些微妙的感觉，在转身回想时总是记不起来的。那时的紧张、颤抖、疲倦，都变得不值一提。人生终究是被一连串美妙有趣的事情组成的，这就是我如今只记得一年前嬉笑打闹的原因了。可脑海中的过去太美好，也会产生许多问题吧。若沉溺过去，则难对当下。好在当下的日子也十分美妙新奇，我也便没有多少伤感了。

柯九思　横竿晴翠图

Nicky的冰箱工作时有些噪音，待在寝室里时间久了，会有点闹心来着。不过世上一切的事情，日子久了也就都习惯了。声音如此，生活亦如此。

2017/10/16

在JRC与Norris的中间，数周前才平整土地撒下种子的草坪，现在已经是一片碧绿了。Dibble前边那棵大树的叶子，差不多有四分之三是黄色的了。Noyce和Burling Library之间那腐烂的果香，现在也已然闻不到了。

不像故乡的四季，点点滴滴都在我脑海之中。Grinnell的四季对我而言是全新的，是前所未见的。不像太子湾的郁金香，我不知道道旁野花开放的时令；也不像满觉陇的桂花雨，我不知道遍野玉米成熟的季节。我如今总能抱着一颗好奇的心去观察，为松鼠埋下果实的动作而赞叹，为寒风吹过平野的呼啸而惊惧。貌似随处都能发现别样的惊喜，为自己添上一笔新鲜的阅历。

留学与旅游到底是不同的，因我能长久地停留在家外的一处，有充足的时间去将山河细细品读。走马观花忽略的细碎事物，现在有充足的机会跃入我的眼帘。

离家的忧伤，恰是留学的幸运。

郎世宁　荷花蝴蝶

2017/10/17

翻了翻人类学要写paper的书，除了吃饭又是基本一天没出寝室。感觉不会开车也没有车真是不方便，尽管出去转转的想法还没强烈到去找其他朋友蹭车，而这村儿也实在是有点儿偏。晚饭时，据说食堂的洗碗机坏了，餐具什么的全部换成了塑料和纸质的一次性用品……钝刀切肉真是困难呢。

不过，说到底还是自己懒吧。

感觉假期里做的事情少了，能写的东西也少了。突然怀念刚开学NSO和IPOP的时候，活动排得满满的，不用细想就可以讲出一长串东西来。

脑海中把小说大致的框架搭了一遍，总觉得还是不够严谨缜密，不过也是写着玩玩，还好看就行啦。

对于这篇小说的开头部分，如果大家有什么建议的话，可以给我留言。

2017/10/18

今儿起了个早，本是想去吃个早饭，可七点多跑到JRC发现食堂秋假期间九点才开，悻悻而返。

可我看到了朝阳。

大概是因为冬季临近的缘故，原先只出现在四五点的朝阳，也慢慢似我般懒惰了。不过我倒也不知是冬季使太阳变懒，还是懒惰的太阳带来了冬天。总之，在铁栅栏与树枝树叶的剪影间，我看到了升起的太阳。

无山峦高楼阻隔，这初生的光芒有些耀眼。如宇宙生于混沌，朝阳似撑开了一片只有光的世界。身前除了朝阳见不到他物，身后的影子被拉得细长。光源被压得足够低，低到连青草的影子也未被忽略——较树木与楼房更黯淡些的灰影，或还沾着些晨露的细珠。

所谓生活的惊喜，想来便是如此。无心插柳，同样能看到她惊艳的姿容。

2017/10/19

很多人都在期待我回去的那天呢，掰手指算了算，寒假的档期似乎都已经要排满了。有一座城的等候，有一群人的期盼，这感觉真是美妙。

都说留学此去，故乡只剩冬夏，再无春秋。离开杭州前我便在想，那个春天或许是我近四五年来最后一次能在杭州度过的了。趁东风放纸鸢，踏浅草游白堤……那观察湖畔细柳抽芽的时节，怕是要在多年后才能来到我的身旁了。

所有或重要或细碎的事情，一旦与“年”这一字扯上关系，都带着一丝淡淡的忧愁。多年前我期盼着快快长大，或许数十年后我会畏惧年华的流逝，而如今恰是处于个不上不下的状态——时而急躁，时而怅然。

生年不满百，常怀千岁忧。这句话用在自己身上倒不是特别的合适，可总觉得有些相似。

2017/10/20

傍晚走出寝室楼，望见前边的同学正举着手机对着天空拍照。起初略有不解，抬头一看，心中便已了然。

橙黄色的天空，倒是一天中仅有几分钟的美景。

果然世界各处的晚霞，都给人以相似而不同的惊艳。杭州、扬州的晚霞带着江南水乡的旖旎；南京、北京的晚霞带着千年古都的厚重；伦敦、纽约的晚霞带着异国都会的繁忙……同样的旖旎、厚重与繁忙，也在城市独有的风韵下显露出差异。扬州的水道与杭州的湖泊有着不同的波纹，南京的小巷与北京的胡同有着不同的石板，纽约的大道与伦敦的古街有着不同的喧哗。

许多名满天下的城我都去过了，也见证了太阳在这许多不同的禺谷落下。可如今无名小村的落霞依然令人赞叹，实是造化之神异。

G村的晚霞自然也不同。

在深蓝的夜幕将落叶染成灰白之前，落日的余晖曾给予它们灿金的色彩。草坪上若有黄金铺砌，抬头正见金黄的树叶纷纷落下。不知姓名的大树在苍松间撑开树冠，松树的碧绿恰映衬了它的耀眼。

万物有其绝巅，也必有其衰落。在一天中最辉煌的几百秒后，金光渐渐从树冠上褪去，而清冷的灰黄攀上了它的身。

是时，道旁灯光亮起，夜幕降临。

2017/10/21

【Grinnell的天像西湖的水】

Grinnell的天像西湖的水，
纷飞的落叶与南山路的梧桐无二样。
若思念能将天地倒转，
满地堆积的黄蝶定能向着湖面飘扬。
载着远方，我的幻想。

2017/10/22

秋假的最后一天，检查了一下网站上作业的情况和考试的成绩。

语言学81.5/100不算太好，但英语语言学我也确实没什么办法，自己英文的功力还是有所欠缺，甚至影响了答题。

宗教学14/15，不太清楚扣分在哪里，但也算是满意了。

再努力两个月就回家了呢，偏村到底有些寂寞。

2017/10/23

当秋风将黄叶堆到阶脚时，是你在想我。满地翻卷的明黄是远方的信，一封封，一页页，从来写不完。

当青草将露珠沾到鞋尖时，是你在想我。清寒晶莹的水滴是坠落的泪，一粒粒，一颗颗，总也拭不干。

西风总是轻巧的模样，偷换了绿叶与流年，徒留下迟钝的人。

黄叶铺砌，怆然暗惊。

2017/10/24

村里的温度已与杭州最冷时相去不远了，平原风大，更添几分寒意。

早起去图书馆和Keyword Presentation的队友会面，穿着薄羽绒服依旧觉得不抵寒风，看来需要把Canada Goose翻出来穿上了。

所幸屋里还是很暖和的。

据说周六会下雪，虽畏惧寒冷，仍有些期待。去年冬天杭州的雪很美，银白的山水与草木，不知与此村有多大的不同?

来时碧绿，渐转灰黄，如今夏日最茂盛的那棵树，已有一半的叶子脱落了。前些日子还在欣赏落叶纷飞黄蝶铺地的美景，恍然意识到这美景终究源于许多叶片的枯萎。想来雪景亦是如此，一场大雪过后，不知多少虫豸要长眠不醒。这风花雪月，再美再妙都与它们无关。

世间奇景，都有其代价。因付出代价的不是我，我才有心欣赏。

无风时落叶总归根在生育它的树下，可有风时却由不得它。永远轻盈的风从来不懂落叶的重，随意地将它们卷到一旁。无数被风聚拢的落叶彼此依偎，诉说着对家乡的思念。

沿街踱步，风吹叶落。

街旁层层叠叠的落叶间，竟还有红花盛放。不知其姓名，稍觉些温暖。

2017/10/25

忙忙碌碌，又是一天。

天气还是一般的冷，看来也没有回暖的可能了，只得乖乖准备衣服。

语言学教授说是病了头疼，便把课给cancel了……似乎是第二次了。听说Grinnell就算大雪也不停课的，教授她停课倒是蛮勤……心情有些复杂。

秋假太舒服了，现在开始上课了，paper布置下来了，倒是有些难过，还是太懒散了。

人类学的课上到了语言人类学，总觉得和Linguistic接轨了，不过方向还是有不同的。宗教学开始讲佛教了，指不定哪天吃素体验体验呢。

2017/10/26

平原的风是不止息的，平素在家中难得听到的风的咆哮，在它如今终日的陪伴下变得习以为常。晨起时，午睡时，就寝时，都能听到它的声音。格林内尔的雨不多，风雨一词总是缺了半边，就剩下肆意改变方向的大风在玉米地上空孤独地游走。

许多人向往风一般的人生，无拘无束，亦无牵无挂。如风般自由地行事，想到远游时提起行李便走，想谈恋爱或如龙卷风。最适宜他们的环境便是平原了，无山峦丛林羁绊脚步，无高楼大厦阻人去路。

可我约莫更喜欢树般的人生，常需有些牵挂，哪怕多些拘束。脚下的土壤给人以安心的感觉，每日的晨露都有不同的味道。慵懒时便无需动弹，无聊时也可伸展枝丫。闲时能托飞鸟带来远方的消息，甚至寄魂于飞鸟身上出去逛逛。思考自然与宇宙大概是不需要动腿的，且静静站着便是。

张问陶　疏柳颠禽图

可对于一棵树来说，平原实在是太空旷了。狂风给人以恐惧，周遭无林木可以相依，或还是山中松间较好。明月星辰从来无需去寻，因高卧静坐时它们自会寻来。

或许移栽是个不错的体验，不过总叫树心神不宁。

2017/10/27

上完早上第一节课，出JRC去图书馆找教授，看见了Grinnell今年的第一场雪。雪不大，但晶莹洁白，没有雨水混淆视线，是单纯地飘着雪。

杭州是不常下雪的，所以每逢雪日都如过节般兴奋，虽寒风吹面，棉衣亦薄，仍挡不住心中的雀跃。倒是不知道这几个月下来，会不会看腻了这雪花。

我能肯定的是，杭州的雪我是看不腻的，就像那整座城。

今天拿到了到Grinnell以后的第一个paper的A，虽然是A-，但只是初稿就拿到了比上一篇文章终稿还高的分数，且还有一整周去修改。觉得学习的热情重新被点燃了，哈。

2017/10/28

越是天冷就越是不想出门，可对于食物的需求总是让人不得不踏出房门。因上次超市买回来的饮料和食物的储备耗尽了，去食堂喝杯苹果汁的诱惑最终战胜了对冷空气的畏惧。

又该去趟超市啦！

果然周末还是很舒服的，刚秋假回来的一周实在也不能算太忙，倒是下周的作业量看起来有点儿要命，不得不早点动手了。

2017/10/29

【存在与忘】

前些日子家中收到了桃李文学社新的社刊，学弟学妹们没把我给忘了可真是感动，特此感谢。在离去之后能留下些痕迹，是人生的一大得意之事。有人记得，说明至少不是碌碌之辈。

不过也不知道这种“记得”能持续多久。

毕竟除了仲尼与老杜等少数死后名声大过天者之外，人的足迹总是慢慢变淡的。时间的浪涛不间断地冲刷记忆的沙滩，而后人也如先人般重复着生死来去的过程。记得我的人总有一天也会从那地离开，而我从来都未出现在后来者的记忆中过。

人们都说死亡不是生命的终结。在世上最后一个记得你的人离去后，你的存在才算是彻底地消亡。记忆每少一点，存在就消去一分。若是这存在完完全全的没了，恐怕会被九泉之下的寂寞所埋没吧。可千古漫漫，不说成圣成贤，纵是史书上简简单单留下个姓名的又有几人？都说要著书立说，可书稿会被遗弃，竹简会被焚烧。哪怕有幸流传下来，若无人读也不过是柴木一堆罢了。

人要有多大才，兼有多大的幸运，才能保证自己的存在永远不成虚无？

百年身，万古愁。所以记住离开的人是件重要的事，因你维系了他在某地的存在。记住已逝的人更是件重要的事，因你或许是他在世界上最后的证明。

读书时总被先驱英烈的故事所打动，或许这是他们对唤醒存在的我的感激。终究想要记住更多的人与事，包括书中记载的石破天惊与过去往事的点点滴滴。没有人能有完全相同的记忆，也就是说每一寸光阴的记忆都是世界上绝无仅有的珍宝，遗失的每一秒都如砸碎的瓷瓶般再寻不回。

勿忘，勿忘。如此思考，这记忆到底是太沉重了。

说来这关于存在与记忆的问题大约不太适合我这个年龄的小屁孩思考，闲愁与伤感也不知是从何而来，不知是否是我自己“强说”出来的。

不如嗑着花生，乐尽天真。

2017/10/30

平原的风大约是行走者前世的情人，总是不由分说地钻入怀中。满地翻卷的叶子是她的热情，遥遥望见时便知她的到来。可她的温度与情绪恰恰相反，贴身触摸时才知道身躯的冰冷。她从树叶间、窗棂间、走道间，倏忽出现，给人以一个如冰雪般洁净的拥抱，却徒留下如冰雪般寒冷的回味。

许是风也感到了寒冷，想借人们的体温取暖吧。

2017/10/31

明日是十一月的第一天。

一日日盘算日子的行为算是有点心酸吧，再过一个半月就回杭州了。

今天万圣节本该出去活动活动的，不过有一篇paper明天截止，需要花点时间赶一下due。尝试着从诗歌的角度切入儒教和道教关于功名的不同观念，没想到最大的问题是找各种各样的翻译版本。

从中国带来的那本《翻译的艺术》算是帮了大忙，虽完全没有用上其中的理论，但那些双语的例子拿来用用倒还真是不错。

2017/11/1

【早餐】

吃着Grinnell清淡无味的早餐蛋，喝着明显是粉泡的可可——持着叉子的我猜想，我大约是怀念杭州的早餐的。

不，我必然是怀念的。

泛着葱花的馄饨，冒着热气的小笼，都是我思念的对象。可如此日常的小食却有些遥不可及。

早餐这事，自能进食起便开始做了，偷懒时或许会忽略过去，但彻底变了样果然还是不行的。

儿时曾在父亲的电瓶车后边，穿过自南向北的街，在一家名曰左西右东的店边驶入更小的巷口，继而在无名的早餐棚里坐下。那家的拌面味道很棒，面条间不黏糊，入口有分明的感觉。店主拿塑料杯装了榨菜、葱花与紫菜，取开水一冲便称为汤。这棚子坐西朝东，太阳便在正前方升起。那杯汤与那碗面，同朝阳一般是温暖的。

学校边有家沙县小吃，总觉得在当年还是刚刚风靡的去处，如今回想却总有老旧的感觉。他家的蒸饺馅儿不算缺，但也不能称作足，口感略干，故需要带汤水的吃食来补全。燕皮馄饨大概算是沙县小吃的一绝了吧，次次去总要点上一碗，否则都不觉得到过了店里。当年还分不清楚燕皮的燕是大雁的雁或是燕子的燕，如今能分清了，倒觉得还是雁字更为动人，因雁这生灵有结群还乡的习惯。

李行　修篁树石图

父亲常在家中做早饭给我吃，我也完完全全地感受了他手艺十余年来的变化。从黄金糕、玉皇包等甜食，到炒面、蒸饺之类的咸物，囊括了云吞、包子一般的传统食材，也包含牛排、意面一般的西式餐点。他常做些尝试，而我的早点也多些花样。想来真是幸福的生活，不过自己却常常因为早起胃口不佳而只动了数筷，实在辜负了他的心意。

家总是在搬的，早餐的地儿也常因学习去处的改变而改变。文三路上的麦当劳，旁边的新丰小吃，还有我一直抱怨难吃的华必和，还在学军小学就读时便常常“驾临用膳”了，后来因离学英语的地儿近，也“旧地重吃”了不少回。建兰旁边的奶茶店在早晨也做早餐的买卖，汤面的水汽扑到脸上，若在冬日里也算是温暖的来源。当时尚未戴眼镜，却总是会想到父亲的眼镜被雾气沾满的模样。至于杭二食堂的早餐，其实我是甚少去吃的。起不来也罢，讨厌味道也罢，说到底还是不如家中做的或父亲带出去吃的好。

不过现在想起来，不说飘香的包子与糕点，泛着油光的拌面与云吞，纵是杭二食堂那倒霉的吃食也觉得怀念与向往。当年金山银山中坐卧时，总抗拒早晨的进食，如今却常晨起早些，冒着大风与寒冷，走向食堂吃些不算太喜爱的东西。

排队，刷卡，在左手边三叠托盘中挑顺眼的取上一只，走向右前方的台子。放下托盘，右手拿勺子取一满瓢scrambled egg，左手从台子下抽出餐碟。一瓢倒在碟子上恰好四分之一，再来一瓢则取好半碟了。鸡蛋左侧有时有感兴趣的土豆泥或培根之类的肉食，看情况取些，继而便在水果前停下。取三分之一碗罐头中开出的水果——通常我喜欢多挑些菠萝块，接着随便找个地儿放下托盘，腾出双手去

接杯可乐或者柠檬汁——最近苹果汁也进入了我的diet，最后拿上叉子便可以开动了。

每日的早餐都是这样，食堂中其他的华夫饼之类的东西，因嫌麻烦便懒得去排队——其实每天也只有个华夫饼可以排，可它诱惑力也没多大。走进食堂后走的是我重复多个月的流程，几乎没怎么变过。食堂的师傅貌似也没什么多做尝试的意思，早点的花样就是那么些。

我也说不清是怀念杭州早餐的味道还是怀念当时的感觉了，或许二者皆有吧。最近不说看到国内食物的照片了，纵是看到字眼都有垂涎欲滴的感觉。把红烧肉、炒猪肝、炖本鸡等名词写出来，已经需要很大的毅力了。我计划着回国后餐餐大快朵颐，哪怕有些奢侈无度——如今的日子算是修行。

说来寺庙的斋饭其实也能吃出肉味呢。

2017/11/2

下午无课，约两点一刻，躺下小憩。一小时后醒，因梦美不舍起床，便接着做梦。迷迷糊糊，醒睡三四次，起来已是六点一刻了。

说来能把醒来的梦接着做下去也真是美好，不然讲到一半的故事说断就断，该多么让人悲伤。

不过，人生中许多事也是说断就断的吧……都是毫无征兆，不知将来。

至于梦见了什么，或许记得，或许已经忘了吧。

2017/11/3

早起出门，朝霞满天。

映入瞳孔的东边天空的颜色，好像和钱塘江的早晨也没什么两样。

还蛮喜欢校园的样子的，似乎一草一木、一砖一瓦，都有学术的气息。

好吧，美国是不用瓦片的。

2017/11/4

周六，就算作业很多也还是有空闲的。于是央学姐带我到镇上去吃中餐，一口下去感动得热泪盈眶。

果然还是要和前辈们多多接触的，生活质量会有极大的提高。走路去貌似也不算太远，看来以后可以每周、每几周来吃一次了。

超市的位置也大概记下了，虽然垄断企业价格偏高，不过也没什么替代的办法。

一下午花了五六十刀，算了算感觉还真是败家……

偶尔偶尔，难得难得。

2017/11/5

这周末要写的东西还真是多，可人比较累，居然一睡一下午就过去了，精神留到晚上也不知是好是坏。

听闻又发生了致死27人的枪击案，还是在一个很小的镇子里……看来乡村也不是很安全，公众场合我还是少去为妙，想来也不会有吃饱了撑着的歹徒专门打开我寝室的门来给我一枪。

回头想想，中国禁枪带来的和平真是世界上不多见的。至少杭州等大城市，治安应该能说是全球首屈一指的吧。

人生的前十八年真是身在福中不知福，那些抱怨祖国不够强大的人或许真该出门看看。感动于中国终于重新变成了一个强大的国家，有能力且愿意成为所有国人的后盾。

2017/11/6

下午五点有两个paper的due，拼死拼活早上爬起来赶完了，四点多上传，倒头就睡。

一觉醒来饭点早就过了，看了看时间都九点多了，看来晚上又可以打老虎了……

真的累，果然脑力劳动还是和体力劳动一样可怕的。

研究了一下宿舍的暖气，调大了出风量，感觉暖和了不少，美滋滋。

2017/11/7

在树叶落尽的时候，睡眠大概是最适宜的举动了吧。

好困。

这周作业离奇的多，忙起来真是令人绝望。

考虑周末再出去吃上一顿，算是给点动力。

……突然有点饿呢。

话说零食也吃得差不多了，没想到过去那么久了啊。

2017/11/8

本以为枯黄已经是一年中最为黯淡的颜色了，完完全全代表了死亡与孤寂，可没想到它也不过是万物凋零之路途中的一站而已。刚来时翠绿的大树，我眼看着那绿色渐深，继而转作枯黄。如今便连枯黄的叶子都没剩下几片，只留下灰黄的死叶与本就灰色的树枝。像是寒风把所有的色彩都洗尽了，甚至连分明的黑色与白色都不愿给它留下，只吝啬地抹了点混沌的灰色在上边。

从传递的情感来讲，灰色大约是我最讨厌的颜色了。它像是神灵的淡漠，众生都无法在那无波的古井中溅起涟漪。它像是沉默的审判，毫不留情地宣告了苍翠的死亡。

道旁的松鼠最近好似与我熟识了，允许我靠得比先前更近些。早先远远望到我便会逃开去蹿到树上，如今我几乎再迈几步就可以踩到它们的尾巴——虽然我不会。想来是因为天气转寒的缘故，若不聚精会神，大约难以找到足够的食粮吧。

昨日递交了paper，得空填词一首，附于下：

南乡子

秋景渐辞归，纵马扬鞭不可追。
对酒当歌都强乐。
贪杯，醉梦携壶上翠微。

绿减复红衰，雁叫鸦啼意怎猜？
愧被浮生频密语。
垂眉，难把连环妙手开。

2017/11/9

感觉前不久才选完了这学期的课，现在居然连春季的都差不多敲定了。

也是，回过头看的话，日子从来都是过得那么快的。好像前几日才到的美国，再过一个多月就要回家了。

和顾问商量了一番，下学期大概打算报Religion in Modern China，Language Contact，Ancient Greek World和Economy。虽然觉得对经济学兴趣不大，不过说来还是要调剂一下的。不过数学我大约是四年都不会选的，因为从来就没什么兴趣——这厌恶大概是从小学时候上奥数班开始的。和室友闲聊的时候提到过我SAT数学那块好歹也是考到满分的，不过考试是考试，兴趣是兴趣，从来都是两码事情。以前似乎有把考试成绩好带来的兴奋错当成爱好的经历呢，倒也寻常，不过终究还是要好好体会一下切实的感受。

解题本身带来的愉悦，和为了完成题目带来的愉悦是不同的吧。

2017/11/10

一不小心睡着了，差点断了我三个月连续的日记，好悬好悬。

最近对双休日的渴望变得更强烈了点，大约是week里太累了。Nicky又要飞密歇根去看女朋友了，真的是……我大概可以在这几天把冰箱的电给拔了吧。

我其实一开始记日记的时候没想到自己能坚持那么久，不过逐渐习惯了每天多多少少写点东西下来，到现在居然已经积累了四万两千字了。

往后的人生中，大约也会有许多由点滴积累起的奇迹吧。

2017/11/11

光棍节，购物节，完完全全没得过。

支付宝绑的是国内手机号不说，买了东西大约我也舍不得花运费寄过来。老美也没“双十一”这一码事儿，日子还是跟平常一样过，真是可惜啊。

查了下Anthropology paper2 的分，39/40，我觉得我要上天。讲真，这个写得总觉得还没上次的好，可是分高出了不少……就像初中作文拿到39分一样不可思议。

看来有时候还是要看看运气的！

不不不，我相信这是实力！！！

2017/11/12

嗨呀，今天上网站看就很难过，因为发现那篇paper的分掉了……掉了……所以您老是打错分了吧！教授！

早知道昨儿不吹牛了。

不过不管怎么样，这样才更真实一点呀，倒也不错。分比上次到底还是要高点的，算是有进步有提升，满足满足的。其实我性格一直也是这样，得过且过、万事陶陶的，还能保持平常心。

这学期的课程瞅了一瞅，或许大多会保持在80到90出头之间吧，算不上好看。不过全选了文科课程我也是做好了觉悟了的，写英文论文真的写不过老美啊orz真想什么时候抓几个学了中文的同学来和我用文言文决斗一番，让他们感觉一下什么叫做绝望。

诶嘿，讲真的我觉得大学80也蛮不错了哈！

2017/11/13

晨起出门，天地皆是白蒙蒙的样子。本以为仅是雾的影响，细瞧却觉得景致并未模糊，方知已到了结霜的天气。

与Grinnell相比起来，南方的杭州实在是温暖至极。一年中也没几日能到零下，结霜自然是不怎么能期望的了。

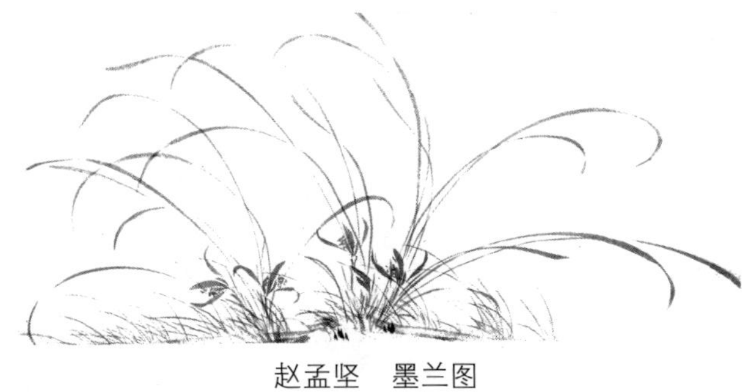

赵孟坚　墨兰图

所谓“露从今夜白”，想来便是如此了。

太白口中那狂醉的天仙，这回大约是把白云直接碾成了粉吧。就像有人将白云揉成的面粉整袋从空中撒下，屋顶上、松枝上、长椅上、枯叶堆上，都稀稀疏疏地点缀着白色的粉末。这撒面粉的人大约是修行千万年的仙子，如散花般撒得均匀而优雅，让这红尘的比喻也能染上仙姿。

结霜的草将头垂得比往常更低，而这霜也确实不如露那样湿鞋，想来是这青草也无心给往来的行人添乱了。有时总能感动于青草的绿色，因在花木凋零的季节它们也能保持盛夏般的颜色。说来为了抄近路常常踏着它们的身子而过，也还真是惭愧。是了是了，听到你们的控诉了。有精力给我添乱时自不需担心，可如今青草们自顾不暇了，倒是轮到我稍稍顾虑一番了。绕一下道倒也花不了多少工夫，待来年春再续前缘。

迎来了露结为霜的天气，接着便静待云凝成雪吧。

2017/11/14

Tut的第三篇paper才刚上交，第四篇paper的题目就已经给下来了，真是没得休息啊。

前几日同学说我看起来比开学的时候憔悴了……咳，大约是岁月催人老吧。

气温有些回暖，早上起来也没见着霜，不知该高兴还是难过。

异国他乡的景致，看着新奇的同时，都带着点对故乡的牵挂呢。

2017/11/15

食堂吃饭的时候遇到了一个同学，因为现在已经移民美国了，所以不能说是中国同学了吧。不过他人生的前十七年，倒也确实是在和我一样的国家度过的。

是个大二转校来Grinnell的学长，现在家住佛罗里达。他说来美国久了，汉语讲得越来越不利索了。卸了微信，如今只用些美国人常用的通信工具了。

似乎从方方面面都斩断了和中国的联系呢。

其实某种程度上来说，我有些佩服他这样的做法。这需要与过去挥手作别的勇气，抛却一切重新开始。不管是故乡还是旧友，此生说不定都没什么重见的机会。我这人大约是没有、也永远不会有这种决心的。

念旧说不准也是一种胆小吧，紧紧抓住自己离不开的记忆，因那是我自认为的存在的根基。回忆从来都是人夜梦中

李流芳　山水花卉图

的脆弱，乡魂旅思也从来都不能让人开怀大笑。不过，不知为何，还是有那么多人难以将其割舍。其中自然也包括我。

忘了他已经移民的我问他冬假回不回国，他笑着说他的家已经不在中国了。

2017/11/16

Tut课上有一个环节是让我们分组用画画的形式把某自传的前后变化表现出来，要求不出现任何文字。我选取了开头他幼年误烧了乡下房子的画面，和后来城里写作的画面，画出来倒还蛮有意境的——虽然是和小学时候一般无二的画风和画工。

说来其他同学的画更加不堪入目呢，hhh

把幼时的房子烧了，说不准也是种与过去一刀两断的做法呢。

2017/11/17

周末从来都是那么美好哈，除了有两篇paper要写不太让人愉快以外，其他都很美好的样子~

说来今天淅淅沥沥下了些小雨，帽子一兜就没什么感觉了，便也懒得撑伞了。Grinnell的气候我觉得是偏干燥的，或者说可能杭州太湿润了。G村下雨的日子着实不多，看来到冬天下雪应也不会太频繁。

下周就是感恩节了，又是一个假期的接近，不过假期也意味着之前之后的一大堆DDL。

嗯，其实我不太喜欢吃火鸡。

2017/11/18

周六，瘫一会儿。

下了开罗的《口袋学院物语》，这公司的像素风格游戏真是良心。

大概的故事线就是经营一家高中（大学），然后培养一届届毕业生。我觉得好玩大概有家庭的因素，一边在玩一边还在想些现实的东西。

首先，有钱真的好办事。采购、维护、人力、活动，都需要大量的资金，没钱连工资都发不出更别说扩张了。这游戏做得很现实的一点是，那些大企业的家长送小孩入学还会交赞助金……这虽然在中国学校约莫是不常见的，但大概也是世界的普遍现象吧。

其次，家教是个很重要的因素。培养出的学生就业后几年会把后代送进学院，而通常“资本主义”的孩子基础属性要高好多……这……很不想承认，不过很多时候事情就是如此。而学校后期越办越好的时候，学校里家庭背景是企业家等的就越多，也不知是作者有意为之还是无心之举。

再者，生源真的很重要。满分500分，从200分开始培养和从400分开始培养真的是完全不一样的难度。同样的教师团队和补课频率，最后的结果终究是要看起点的。虽说分低时进步快，可也很难赶上本就高高在上的存在——我指群体而非个体。现实中个体因其差异性总是有各种各样的奇迹存在，可群体若是一开始就差距很大，追赶的难度不亚于登天。

最后想到的是分班的问题。以前一直觉得学校是万万不该按照成绩高低分班的，可操作一番以后才知道同班同学差距大所带来的麻烦有多大。补课的时候选择简单难度，对高层次同学来说是浪费。选择困难难度……游戏中是没区分，但现实里低层次同学必定跟不上。课程难度已经很难协调，更别说还有各同学偏科的差异了。无关高下优劣，或许按照成绩学科分班的确是个资源合理利用的方法。

此外，留住好老师是真的花钱啊！真的花钱啊！！！

咳，真复杂，我妈真不容易。

2017/11/19

十点半了，突然口渴，下楼去自动售货机买可乐喝。

趿着拖鞋晃悠晃悠地，感觉生活很美好。走到楼下经过大厅，看到三三两两的情侣互相搂着坐在沙发上……好吧，沙发上就沙发上吧，既然大伙儿都不介意我也没啥好说的……

打开侧门到楼梯的隔间，自动售货机在楼梯和出去的门之间。趿着拖鞋惬意地晃悠过去，转角猝不及防看到两双腿。只见一对情侣腻在自动售货机前……

咳……

这，我不想打扰的，不过可以麻烦让一下下吗？我买个可乐……

为什么我买个可乐还要这样伤害我幼小的心灵？

我希望世界和平。

2017/11/20

赶paper，很忙。

电脑快没电了，要命。

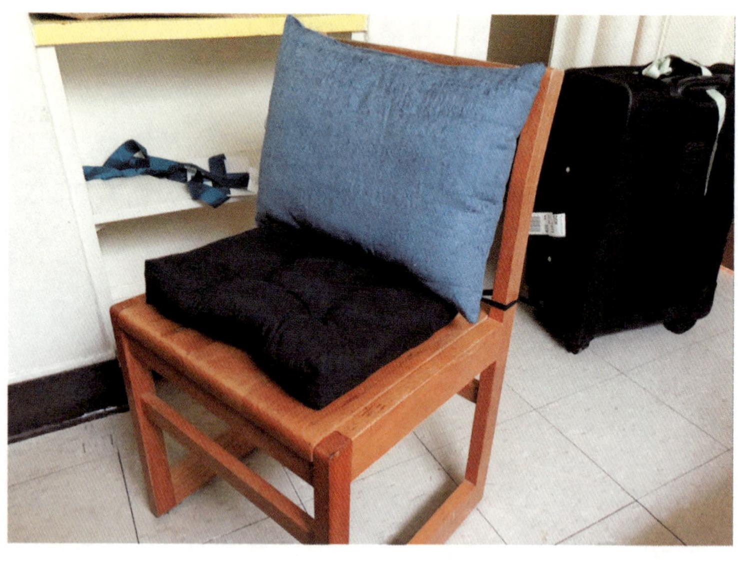

2017/11/21

感恩节过后便是期末了，这几天事情也都很多，不过挺过去了就好了。

人生最美好之处就在于低谷后的重生了，每个劳累的白天都跟着安息的夜晚，每个繁忙的礼拜都跟着轻松的周末。熬过这几天便是感恩节的短假，熬过期末便是故乡的美食，不过如此。

最近写paper能感觉到自己明显地进步了，看来在新的speech community里待了那么久也算小有成效。Tutorial的paper 1一开始是C，修改了也不过B+的成绩，可paper 2和paper 3都直接拿到了A-和A，真是令人感动得热泪盈眶。

人类学的paper要更难写一点，昨儿夜里跑去电脑房写到凌晨一点左右，今早爬起来补完了结尾才申请修改，累得连日记都不想记。

说起来我也算是个任性的人了，不想做便不做，放松时投入进去才会有文思如泉涌。选课亦然，若是完全没兴趣的话，我大约是看都不会想看一眼的了。

不管怎么样，还是那句话：

坚持住，马上就回杭州了。

顺带一提，OISA貌似和所有同学都约了关于这学期生活的appointment，了解了包括学习生活和社交生活一系列的问题，还真是贴心呢。

2017/11/22

输入日期的时候不小心写成了12－22，看来是真的想回家了。

舍友的父亲昨儿便来了学校，今天上完课就带着他走了，稍羡慕，不过也无妨。

今天早上的课都取消了，只跑出去交了一次paper，很自在很舒服。下午语言学的课上也只有十几个人，很空，看来一个个都已经进入了假期模式了。

我所盼望的假期，也已经逐渐临近了吧。

2017/11/23

每逢佳节睡过头。

昼夜一颠倒觉得世界也还是很美好的……别样的美好。

话说感觉感恩节的美国和中国的春节很像，食堂和商店都歇息了，不提供服务。

话说这种全部安息的日子，可能正是中国所缺少的吧，就连春节都有许多劳碌的不肯歇息的人呢。

没办法很安心地去休息的话，才会对安息日上涨的盈利依依不舍吧。

2017/11/24

Grinnell的天空的颜色，我大约是每个阶段都见过了。而当你熟知一处的天空时，天空下的一切大约也会变成亲切的样子吧。

落霞色天空下的黄叶，藏青色天空下的绿草，皆是此间独有的光景。同样的晚霞与落叶，换了个地方便是不同。每个地方都会有让人神往的独特思念吧，而人生便是背负着对过往不断的思念继续远行。

2017/11/25

惊喜地发现final week其实很空，但这几天要稍微忙一忙了。下周一有Linguistic的考试，虽然我觉得我已经都记住了，但还是很慌张呢。

因为时差弄错了一个朋友的生日来着，不过就国内的第二日把祝福补上，我觉得还是蛮好的……至少我记得嘛记得嘛！

从零食箱里惊喜地发现了一包话梅干——这东西我原来是不怎么吃的，倒是我妈很喜欢，现在我吃起来竟能吃出在自家床上嗑零食的滋味，真是奇妙呢。

2017/11/27

室友昨儿三点多才回的寝室，真是累惨了hhh

所以今天似乎是要早睡的样子，十点就爬上了床，那我也跟着早点睡好了。

感恩节回来第一天的课，感觉还是蛮顺利的。下午Linguistic的考试有一道题死活没想出来，不过其他的都答上了，就是不知道正确率如何。

老天保佑！

2017/11/28

【蔽日】

每个人生在这世上，都希望能有双望穿一切迷雾的眼睛，可能看破者寥寥无几。都说耳听为虚、眼见为实，可往往所见也不是真。不被欺瞒应也算是人最基本的愿望，但这社会毕竟太过复杂，就像一缸洗过千万次笔的水，纵是目力再好也无法见到缸底的花纹。

红黄蓝幼儿园的事件，在警方最新的通告下来后，大约算是度过了舆论的巅峰了。至于事实究竟如何，信者自然信，疑者自然疑。我不太认为家长会毫无理由地用这种方式来造谣，因为父母必不会无缘无故将如此不堪之事加于自家孩子的身上。可从小到大它无时无刻不在告诉我说，要相信警察叔叔，相信国家相信党——这大约也是我如今踌躇的根由。想来对于一个满心希望你相信他的人，若是不信也是要抱些愧疚感的吧。

在这多媒体的时代，每一个个体都是一颗星辰。若能成千上万汇聚在一起，纵是黑夜也能照亮成白昼。可不知为何，总有人意欲做那蔽日遮天的云翳，将真相通过“谣言”与“辟谣”的手段给埋葬。

我希望这个世界是个单纯的样子，像杯清水能一眼看到底，所有暴虐与病态皆一览无余。我希望能相信所有我看到的和听到的，不必时刻小心提防，以致神经过敏或麻木不仁。

2017/11/30

傍晚在地势平坦的地方看天，与在山水之间抬头总有不同的观感。

少些高楼大厦，缺些旖旎丘陵，天空终能无阻碍地映入眼帘。造化似是极其满意苍穹这块无穷的画布，将手头能用上的颜色都毫不吝惜地抹了上去。

最临近太阳的地方是白色，因为那光芒着实耀眼。偏外一些转黄红，没了白色的凌厉，倒是添了笔温暖与柔和。这黄红之色多挂罥枝头檐下，在贴近万物的地方默默浮动。黄昏之名便得于此，而这颜色也往往令人慵懒或疲惫。

离太阳最远的地方是深青而近似于黑的，几许不耐寂寞的星光与皓月一同刺穿了夜幕，使这缁帷虽如鸿蒙般神秘，却有乌纱之轻盈。天空的青色是许多组由深到浅的渐变，视野中每寸都有细微的差别。

当太阳沉到一个微妙的位置，黑与白都似宝石般缀于地平线上。像是在一块浸水素绢的两端投上颜料似的，苍穹上那色彩慢慢漾开，自然而不造作。白转黄，黑转青，在青黄的交界处有浅浅的紫色映入眼帘。晨时有紫气东来，暮时倒也有紫气西去，在这东西变换间，岁月便一日日溜去了。

飞鸟归巢，群鸦蔽月。日禺谷而月黄昏，望天色渐晚，紫气渐西。

2017/12/1

还！有！两！周！就！回！国！了！

最近期末感觉事情有点多，好在还是能看出校园景致每日的不同。

回国前会去纽约转一圈，我已经做好了在大都会博物馆泡上一整天的准备了。这种历史文物集结的地方从来都对我有强大的吸引力，大约心中还住着个活在过去的灵魂吧。

2017/12/2

嗨呀双休日就很爽，一觉自然醒。

Nicky又又又又又又去密歇根看女朋友了，真的是让人感动到潸然泪下。

翻了翻先前买的糖果，把樱桃味的挑出来不吃，其余的当当零嘴真是不错。

美国的樱桃味是真的难吃，包括可乐和糖。

2017/12/3

晚上去Burling Library和小队成员一起商量了一下演讲的内容，大致也算是敲定下来了。说来国内的演讲我是比较倾向于一个人搞定的，要么是PPT自己做好，要么干脆一条龙完成，不过被逼着要小队活动也是蛮有意思的。第二语言的运用到底是不如母语熟练，还是要多多仰仗队友呢。换个位置体验一下倒也不错。

2017/12/4

虽说下周才是final week，不过教授不约而同地把任务都堆到了这周，所以这周大约才是真正的final吧。

周二Tut的presentation，周三Anthropology的exam2，周五两篇Linguistic的paper due，真是忙啊。

说来下学期Linguistic的课没报上，真是叫人头疼，明儿去和Advisor商量下好了。我看Education也是个不错的选择。

2017/12/5

和Advisor商量后决定换一门，本来因为时间冲突被舍弃的Linguistic上，然后把ECN的课移到了周二周四的早八点。虽然要早起了，不过也还是能接受的。主要是这门Linguistic的主题是英语的syntax，而没报上的Language Contact看起来更加general一些。不过没报上倒也没什么办法。

明天Anthropology的考试稍有些虚，便把笔记重新整理了一遍，密密麻麻的小字正反写了三张纸，才算稍稍安心了点。说实在的final week没什么动力，一方面是因为马上要回家了心有点野，一方面也是算了算分发现自己落入了个相当尴尬的境地。

所有能用分数衡量的功课都在85—90分之间，不上不下，期末只要还带着脑子去考试就不会落到C，可看考试的难度拿A却也没啥希望。一开始算分的时候忘了A是要92、

93分左右的，现在要冲A的话期末考大约要个令人神清气爽的高分——按我的英语写作能力要在包含paper的final里拿到那种分数是真的不太现实。好在我一开始的目标就比较现实——或者说没啥追求——只是想第一学期平平安安地过了，可能事情太顺利我有点膨胀了吧。

明天的Anthropology考完就轻松了，下周只有两门课的考试，不算太可怕。

2017/12/6

考完Anthropology提前交了出来，觉得没答上的也想不起来，答上的也错不了，自然没有枯坐在教室里的必要。Linguistic上次考试的分数批出来了，果然不出所料是在85—90分之间。89分的成绩拿个B倒是绰绰有余，但觉得再往上走几分拿A也没啥指望。比起上次Linguistic得81分的悲惨遭遇，这次算是有些长进了。

陆恢　玉堂富贵图

其实世界还是很美好的，考完Anthropology突然发现这周没啥事干了。

下周的俩考试都是take-home exam，是带回寝室写的，每个都有几天时间，根本不需要我去复习啥。这么看来，这学期的复习就告一段落了？似乎都还没来得及感受紧张呢，或许是因为我心大。

其实我也一直不太愿意去强逼自己得个A什么的，顺其自然开开心心就好。上课现在至少还是件比较愉快的事情，都选择了自己感兴趣的话题。都说到大学就轻松了，不过那就像是骗幼儿园小朋友上小学一样扯淡。

大学的轻松呀，其实是选择自己所喜爱的方式去辛苦吧。

快回家了，很开心。

2017/12/7

八点十五在Burling Library门口集合，走去校外吃了顿早餐，在早餐中总结并结束了这学期的Tutorial课程。

Tutorial的教授也是新生的Advisor了，而我的教授Elizabeth Rodrigues真的是非常地可靠呢。学术写作的能力也在这节课上得到了锻炼，相较于半年前长进了不少——教授她也是这么认为的。

深思熟虑一番后，我将这次带出国的最后一本自己的书赠给了Prof. Rodrigues。若非要说出个半年来帮助最大的人的话，或许便是她了。虽说她也看不懂中文，不过也算是一番心意——况且她说要去试着学点简单的中文来读读我的文章呢。

感谢我算不错的记忆力，我还能记起半年前踏入教室门的心情和感受，从而和今天的心情做些比较。这门课是大学生活的开始，也是美国生活的开始，课题The American “I am”也是相当地应景，不过我倒是不知道这四年最后会以什么课结束。

这节课的最后教授让我们用一个词来概括整个学期的阅读，争执许久最后采用了“epiphany”。

Epiphany，顿悟。果然岁月悠悠不过恍然一瞬而已。

2017/12/8

匆匆填完课堂调查的表格，这学期的课程也就算是了结了。

下周一上交宗教学的论文，周五前搞定语言学的考试，除此之外下周就没有其他事情需要担心了。

回家的日子终于到了可以掰手指来算的地步，一颗心总不免有些躁动。

像是神王临世的脚步。

G村新一年ed的结果也陆续出来了，似乎每个人都有学弟学妹被录的消息，我也不例外——是个熟人，喜上加喜。说来每年G村都会在杭州招个孩子，我这届总算是没把这接力棒给丢了。少年呀，珍惜在国内的八个月，准备收拾行囊与我来G村喝风吧。

让我们农村作伴，活得潇潇洒洒。

不知不觉间，一学期就这么悄悄地过去了呢。图为Tutorial课开始时教授便着手做的一个早餐数据，记录了这一学期同学们吃早餐的频率。

一眼看去，似乎时间便在此中流淌。

2017/12/9

【“赫敏”】

冒着冷风去食堂吃饭，在吧台边看到个开学时认识的姑娘，竟有点唏嘘。或许我一直都在操着些与我丝毫无关的心，可有时候就是控制不住自己的想法，为一些毫不相干的事情感到难过。

记得一学期前IPOP见到时，她是个金色卷发不施粉黛的伦敦姑娘，与赫敏神似非常。看到时偶尔会想起初中暑假去英国游学的种种，似乎能从她身上看到她的家乡——那雨雾中的伦敦。古意盎然的英伦建筑在海滨的蒙蒙细雨中若隐若现，街边来往的车灯与身披大衣的行人交错闪烁……她带着古都的优雅与名城的张扬。我一直说，从一座城走出的人，身上是会带着那座城的气质的。她恰能与我的观点相印证，所以虽不熟我也多关注了些许。

许是能让我记起多年前的感觉。

今儿在食堂低头挑着食物，抬首时恍然一瞥，差点没将她认出来。大概是因为这学期的确没怎么打过照面，我对她的印象还停留在学期初，以至于此时感到错愕。

浓妆艳抹，扎着两根极短的冲天辫，衣着似是方从酒吧走出一般。那从霍格沃茨走出的眉目成了妖魔的调色盘，再也见不到赫敏的神韵。这大概是伦敦在工业革命时的样子，雾霾笼罩，废水横流，烟囱被高高垒起，欲将乌云散到远方，阴沉的天空与昏黄的街灯是雾都的妆容。恍惚间似是看到了历史的轮回，目睹了城市的变迁。十八年的优雅或许抵不过转瞬的放纵，大概一座城辛苦养成的气质消除起来就是如此轻而易举。

在阳光照耀的玉米地里，或许还隐藏着许多我不曾见的东西吧。

南部的寝室听说有大麻的气息，安静的乡村也有派对的酒味。有些东西不是不接触就不存在的，它就在那里静静看着，等候经不得诱惑的年轻人投入它的怀抱。

这世间真的有世外桃源么？远离一切纷扰的地方，怕是寻遍地球也难以得到。恰如所有城镇一般，G村也有其两面。或许我一直待在它如清水般的地界，而浑浊的染缸就在清水的下边。

或许，只要能保持身躯的轻盈，便能一直浮在清洁的水面之上吧。

这便是我的世外桃源。

墨兰图　郑思肖

2017/12/10

费了老大劲儿才把宗教学那篇关于佛教与堕胎的paper写好……真是的，都出的些什么题啊。

室友貌似每天花好多时间去图书馆复习，想了想他下周有整整三门final exam就觉得他蛮惨的。比较起来我的final week还是很轻松的，美滋滋。

说来不知不觉间我的日记突破了五万字大关，从八月中旬到现在每天记的说多不多，说少不少，流水账的有些，稍动些脑子的也有些，还是蛮得意的。

其实我发现了个很奇怪的现象，从前我微信公众号更新得少时每篇文章都有好多人看，现在频率高了浏览量真的是越来越少，可能是我变得越来越无聊了吧orz是该改正改正。

离开学校的日子正式进入倒计时，说一周绝不多一天。

2017/12/11

有点困来着，话说明天国内“双十二”是不是买买买很开心……

不知道我妈买了啥。

把最后一周的事情一点点清理掉了，希望能在周三前把要弄的东西都搞定吧。

去纽约带啥衣服也要考虑起来了哈。

说来回杭州以后大约行程会很满呢，毕竟积压了半年的约约约！

兴奋！

2017/12/12

校园里的人少去了一些，大概是因为有些提前回家的缘故。若非机票已经订好，我这几天不管怎么样也要把该做的事情都弄完，然后便可以直接提早走了。说实话这几天时间也不算长，可当它横在如箭般的归心之前时，便显得有些令人厌恶了。

回杭前要去一趟纽约，待上几天，好在纽约也有很地道的中式餐点呢。有些想吃港式的早餐，云吞面、肠粉、灌汤包之类的。大都会博物馆也是要再去一趟的，或许可以带着学了些皮毛的宗教学知识重新看看那些来自东亚的物什……当然，欧美的艺术品我也是很感兴趣的。上次大多时间都花在了埃及的文物上，不过也没看明白些什么，还是要再多花些工夫。

剩下的三天只要应付一张Linguistic的卷子就好了，说来几张A4纸订起来的试卷真的没有国内那大张的考起来带感呢。

2017/12/13

感觉好像……没什么好说的?

很悠闲的一天，打打游戏看看书，毫无压力可言。如果这学期的每一天都和final week一样该多好orz

Nicky今天下午去考了社会学的考试，回来和我说贼难……还好我没选这个。

想来下学期至少经济学的课程不会让我那么轻松地度过最后一个礼拜吧，不过下学期完了等待我的会是三个月的暑假，期待也更大呢。

又在幻想些遥远的东西了orz

Anyway，期末万岁。

2017/12/14

去洗衣房洗了衣服，欢欢喜喜地准备迎接回家的时刻……

结果Linguistic给了我当头一棒。

以我前几次考试的经验，我觉着这次的也不会太难太难，结果被弄得非常惨。

需求的词汇量实在是，有点大。而且很多词我就算是认识甚至还很熟，也不一定能在举例环节想出来。

烦躁。

2017/12/15

【终】

去年大约这个时候，我躺在自家的床上，懒觉间迷迷糊糊睁开眼，得到了一封以祝贺开头的信。

此后悠悠哉哉的半年，忙忙碌碌的半年，皆如恍惚梦中见。如今打包行李准备回乡，方觉这一年有些真实。

一年里经历了许多，单从八月开始每日的日记都记下了不少。我想，人生从来都是一条笔直不回头的线，若离弦之矢一般，没有重来的机会，也没有相同的风景。我这一年的点点滴滴能供我回首唏嘘，却永远不能让我旧事重温。

可世界却在不断地轮回。新来者抱着与我当时一样的欣喜与雀跃，在书桌前或是随便哪处得到offer，就开始了与我一般无二的一年。我四月前登机时的心情与现在虽完全不同，但冥冥中也有其相似之处。

大概世界是在微小的变化中实现循环的吧，我们既是轮回的一环，也是独特的一块。

一学期到现在也彻底地完结了。我日记的这一章也算是到达了终点。或许回国或是在纽约也还是会一直上传些东西，但它们都不是我关于Grinnell的记忆。

等寒假过完了，便是Grinnell日记的第二章了呢。

以上，五万一千七百字，自八月中旬起，历时四个月。

2017/12/16

【番外·纽约篇】

都说一个习惯的养成需要一个月，我这四个月来每日写些东西已经是雷打不动的了，突然说不写了也觉得难过，那便多唠叨些许。

昨晚为了赶早晨六点的飞机是没有睡的，因为学校去得梅因的班车是在两点半排队。两点多匆匆收拾了东西赶到younker宿舍去找学姐，会合之后一起拖着箱子走去JRC。

出宿舍门时被一阵寒风吹得打了个哆嗦，四下张望一番，发觉夜深也看不清什么东西，倒是抬头时看到了零星的光点。想来回到中国后就难见到星星了呢，也不知杭州何时能把长伴她千年的星辰重新找回。

在机场安检完熬了整整两小时才登机，其间蹭着机场的网和学姐顶着两三百的延迟王者开黑了几局，感觉是在戴着镣铐跳舞。

在乡村呆久了，乍一进城竟有刘姥姥进大观园的感觉，那些原先熟悉如今陌生的事物一一映入眼帘，渐渐唤醒我“尘封的记忆”。

琳琅满目。

纽约昨夜刚有场大雪，地上积了算厚的一层白毯子。说来号称“冰雪村姑”的G村今年居然没让我见到积雪，还是有些遗憾的。

在纽约工作的林叔叔一家接了我俩去吃早茶，此后的四五天也要寄宿他们家中了。我清淡了四个月的胃口突然接触到了家乡的咸淡，不由食指大动，可惜食量不大，最后面对一桌珍馐感到心有余而力不足。今天除晚上去邻居家home party之外没什么活动，实在是因为旅途劳累需要休养。

这一学期Linguistic学下来我大概是得了些“职业病”，一路上观察着叔叔的两个孩子脑子里想的都是关于语言学的问题。虽老师没布置什么作业，不过突然好想就在美华人子女的语言状况做些研究。明儿和林叔叔商量下再说吧，这大概是个群体性的问题呢。

2017/12/17

【番外·纽约篇】

又犯了个小错误，昨天的日记其实是16号的，不过无伤大雅。

旅途劳累的我们昨儿下午睡了一觉，晚上便睡得晚了，以至于今早不太起得来。学姐昨晚本说今天要起个大早一起去城里晃晃，结果我十二点多醒的时候她还在睡，好在我没听她骗。晚餐去了叔叔的另一个邻居家里，一桌人一桌菜，颇为丰盛。生蚝、排骨、虾、帝王蟹，如此大鱼大肉我已经半年没见着了，扒拉着碟子吃到肚子浑圆方才罢手。

他们家有个在圣塔芭芭拉大学念书的大三的姐姐，便凑一块儿抱怨了一番乡村生活，竟让她意识到了天外有天、村外有村。果然比Grinnell更村的地儿在美国还是少有的。

明天计划去博物馆转转，希望别有什么意外。

2017/12/18

【番外·纽约篇】

九点多起床出门，坐车到Flushing换了地铁进城，一通捣腾之后在Trinity Church前边回到了地面。

教堂是哥特式的样子，彩色玻璃上细细绘制着《圣经》中的故事，墙上的浮雕也展现了许多久远的传说。两侧的空地上竖立着许多墓碑，不过在大教堂的光辉下也没那么瘆人。学姐说想去瞅瞅新建的世贸，便顺带领她看了看那两个纪念911遗留下来的水池。这若许年过去了，前来凭吊的人还是络绎不绝，有些刻于铁板上的名字间还被插入了白色的玫瑰。这大约能算是整个民族的记忆，将沉重背于肩上前行——这才是一个大国所该有的气魄。相比起来，东瀛对侵略的否定就显得滑稽可笑了。诚然，美国也在做许多滑稽可笑的事情，可见天下乌鸦一般黑。

说来华尔街这块儿我其实来过许多次了，实在是因为每次来美国同行的人都有兴致去，而每次同行的人还不同。久而久之我也能客串回导游讲上些许，虽然不甚全面，不过也能凑合听听。走去华尔街金牛旁边蹭了蹭气运，果然上回装作铜人的行为艺术家已经不在那儿了，看来铜铁的玩意儿确实比肉体凡胎来得安稳。

下午去看了一个现代艺术的博物馆，说来还真的不是很欣赏得来有些作品，但其中几件还是很有感觉的。我大约适合一个人窝在古文物堆中自我陶醉吧？明天要去大都会，还是很期待的。今天中餐拉面，晚饭豆捞，都吃到撑得不能动弹才肯罢手，感觉胃口逐渐变得不错了起来。说来我的胃果然还是属于生我养我的国度，他乡的饭菜……引用汪曾祺的一句话吧：“曾经沧海难为水，他乡的咸鸭蛋我实在吃不惯。”咸鸭蛋都吃不惯，更别说其他了。

2017/12/19

【番外·纽约篇】

纽约游的最后一站留给我心心念念的大都会博物馆，心满意足。自第一次去了之后便一直想着重来，这次算是得偿夙愿了。埃及馆的展品还是很有观赏的价值，凡·高、莫奈的画作也如从前般优雅，可我此行最大的目的却还轮不上他们。

我是想再看一次那幅*Springtime*。

我并未上过关于美术史的课程，对于画作的欣赏也停留在好看不好看的阶段，可我猜这正是美最基本最原始的样子。画中少男少女表现出的恰是如初恋春风般的样子，给我以无限的遐思。我不知如何去描述那被微风撩起轻浪的白纱和少女凝望中那羞涩的眼神，可我就是知道它是美的。这是种很任性而不负责任的说法，不过确实是我最真实的感受——它和她，很美。

所谓画中人便是如此，不知性情不知喜好，只凭惊鸿般的一面之缘触动情丝。从前一直想不明白为何有人会一掷千金，却只为了数笔涂于纸上的颜料。如今我大约摸清楚了他们的心情，稍体会了一番买画人的感受。有人痴于画中人，有人痴于画中山，有人痴于画中草……突然想起李清照南下时一路遗失的珍藏，不知那会给她带来多大的痛苦？

我喜欢，未及痴。

出博物馆时遇见一吹大号的黑人小哥，进馆时他便在那里，四个月前似乎也是他。他吹奏的旋律有些耳熟，似是我从小到大一直听的。我转身看见学姐惊讶的表情，再仔细一琢磨，发觉竟是国歌。是了,《义勇军进行曲》，中华人民共和国国歌。我忙掏出口袋中的一小把硬币塞到了他的帽子里——给钱，我给钱便是了。

虽然有些勉强，可我愿意把这算成是中国影响力提升的小小象征。我想，赞美与肯定这种事情到底还是该由外人去做，由自己做总是如小丑般可笑。就如冯某导等。

我在美国当『知青』

2018/1/19—2018/5/18

2018/1/19

时日如鸿影掠过横塘，毫无留恋地从身边流走。一个月的寒假似乎刚开始便已经结束，而我如今又踏在了远离家乡的这片土地上。虽日夜交替，坐地日行万里，我与杭州的距离始终是半个昼夜与半个地球——就如日月之隔。

格林内尔的景色与一月前大有不同。我离去时虽枝黄叶败，可仍是各种花草树木构成的景致，而如今已是白雪茫茫了。不过不论是萧索的秋还是白皑皑的冬，格林内尔因身在平原且无高楼大厦，总给人以辽阔空旷的感觉。

我说我是来美国当“知青”的，因为虽然格林内尔的各种器材都算发达，但人口稀少且偏远的位置，总给人以乡村的悠闲感。环绕着学校的大片玉米地就像是小说中的高粱地一般，与农村极是般配。

阅尽天下这大话我可还不能说，但在美国数个城市走下来，我觉得杭州已不比发达国家的大城市差上多少了。危

楼广厦，高架地铁，掰指细数，应有尽有。在中国的偏远地方历练，应该算得上是体验一回知青的生涯，而换作美国的话，我觉得也是一个道理。说来知青上山下乡是去提供帮助，顺带磨砺的，而如今我恐怕与前者还有些距离，倒是磨砺这块算是完全吻合了。这或许是我与历史上真正知青的最大区别吧，我是来学习的来着。

不过不管怎么说，我还是踏上了那架送“知青”前往目的地的飞机，再一次来到了已经生活了四个月的既陌生又熟悉的地方。比起前一次的兴奋与紧张交织，这次的感觉倒是平淡了不少，似是如寻常上下学一般的，平常到并不能引起太大的波澜——我其实希望家人也都如此。又四个月后我将重回杭州，我希望她能素着一张娇颜见我，而不是蒙着一层霾雾的纱。（若说杭州与发达国家都市的差距的话，恐怕就是她常受到名为“霾”的无妄之灾吧。）

一切安好，万事如意。

2018/1/20

寒假留在村里的同学get了一手好厨艺，刚回来的我也便跟着打打下手，顺便混口饭吃。昨天中午SHR(简称孙哥)做了蜜汁鸡丁，今天换成西红柿鸡蛋煮面条。从和面到下锅，都全靠他们carry了。说来知青下乡生活总是要学点技能的，那这学期便先从观摩有厨艺的同学做饭开始，抽空子擀两下面，吃完饭刷几个盘子，也算是付出劳动获得回报了。说起来有些美国同学真是素质极差，YDZ说他放在宿舍楼厨房冰箱里的甜甜圈、酸奶，甚至鸡蛋都有人偷吃，就连包装都是偷吃者私自拆开的，实在过分。

大学生活或许就是要包含些鸡毛蒜皮的琐碎之事才能称之为生活吧，和同学们一起准备吃食与收拾厨房也算是有些微妙的美好。临近开学，大家陆续返村，来厨房蹭饭的同学也越来越多，某君还邀请了心仪的日本妹子，真是emmmm。上学期开学时方叔叔给我拿来的锅和变压器也是在孙哥和YDZ的手上才派上了用场，可怜它们跟着我积了整整一学期的灰。

学校的积雪开始化了，天气也渐渐转暖。这白雪就像是随着学校的放假开学而积累融化的，在学生回家之后将G村封存，到如今才开始解冻。数厘米的积雪并未将泥土上的植被抹杀，雪化后那些蔫兮兮的小草仿佛散发着新生的力量。

万象更新，已是新年。

2018/1/21

学校的食堂今天开门了，同学们也便失去了自己动手做饭的欲望……看来大家和我一样都很怠惰呢。看着食堂一如既往的糟糕饭菜，我不由地生起了回国的念头——实在是劝退啊，与国内仿佛天壤之别。

夜晚校园里飘起了浓雾，在昏黄的灯光下，纷杂的树木黑影张牙舞爪。明天就正式上课了，可与高中不同的是，我竟然没有太大的对于上学的抗拒，或许是因为长大了？上课的课本大致都准备好了，开学第一周的课应该也都比较轻松，就是对于上新课必备的自我介绍有点头疼。

经过了上学期的体验，终于从开拓探索逐渐趋向于按部就班，其实我并不抗拒这种没什么太大变化的生活——这也或许是我当初选择文理学院的原因吧。我觉得生活若是能一直保持原样就很美好，大概这也是因为我的日子一直过得比较滋润。当然了，我的要求也并不是很高，所以在这偏村里也能安居。得过且过，或者说随遇而安。不过我知道一成不变的生活是不存在的，岁月总是在匀速地流淌，等积累到一定的程度就会引起惊天的波澜。从小学到初中一直到现在，其实每段岁月都各有各的美好，可它们终究不会一样。

追忆往昔的人未必没有将来，时光终将展现出独特的魅力。

2018/1/22

昨天觉得身体不太舒服，下午躺上了床，一觉睡到十一点多醒，看了看时间觉得再爬起来写日记就睡不了了，也便躺下决心早上起来补上了。

Religious的课意外地没有期中期末考试，而Humanity除了阅读的书比较多外，期中、期末考试居然是选考(optional)的，真是令人喜出望外。说来我选课的时候都是没有怎么注意作业量的，倒是课程常会给我点小惊喜，或许算是某种“神眷”？

周二周四都有早上八点的课，工作日每一天都大约是两节课的样子，量不算大，不过如果要认真对待的话也要花点时间，我觉得这是最好的状态了。

洗漱出门，吃个早饭上课刚刚好。

此外，我似乎已经预见到了我轻轻松松的期末周了！

2018/1/23

早起出门，上午有经济学与语言学的课，经济学是intro level的，语言学则专注于syntax这个点。

小镇上的学生与老师都来自世界各地，缘分总会给人以惊喜。经济学的教授是个土耳其人，曾在夏威夷当过教授，他让我们喊他的姓（因为比名好发音）或者直接称呼他为Prof. K。作为一个多多少少看过点柯南的人，我总觉得夏威夷是个神奇的地方，也不知道这位教练能不能教我一点直升机的驾驶技巧。我在语言学的课上看到了许多老面孔，三分之一都是从我上学期报的语言学入门那节课来的。不过说起来这整节课的人也就十四五个，人数上来说三分之一也没有多少。

语言学的教授说最好使用实体的教材，看来我还得再跑一趟书店去买那本常用的。说来美国的书是真的贵，我虽说很想保持原则支持正版，不过动辄七八十刀，甚至上百刀的专业书籍实在是让我没法掏出我的卡。抱歉抱歉。

下午回到寝室还是睡了一会儿，感觉起来精神状态就好多了，不过感冒还是没有好全的样子。瘫在床上读荷马的《伊利亚特》，倒是觉得与假期没什么两样——读书我也蛮喜欢的来着，要是不考试没有压力就更好了。我觉得教育中最愚蠢的事情就是让学生与书籍为敌了，好在从小我家里也没强迫我去做太多——当然，我如今对科学和以前对英语的毫无兴趣也是有来由的。

正值夜长昼短，不如合被安眠。

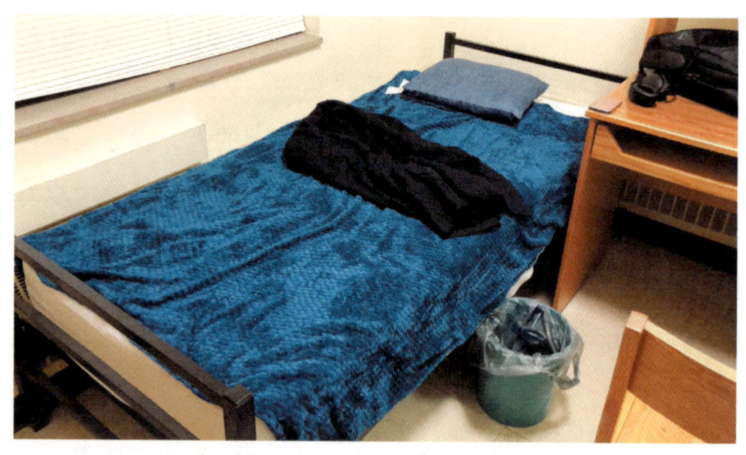

2018/1/24

听说杭州下起了雪，想来或许和我眼前草地结的霜一个模样吧。匆匆两地来去，没见着异国飘雪的样子，也错过了故乡难得的琼花，实在遗憾。鞋子踩在结霜的土地上，总觉得脚下布满了冰碴，是生硬的触感，这和雪地绵绵软软的感觉相去甚远。想来雪与霜到底不同，就像杭州与G村终归两样。

这学期三门文科课加上一门经济学，听了我选的课的同学都说我头铁（意为：性格很倔，不撞南墙不回头）。巧了，我也是这么觉得的。我安慰自己说至少期末会轻松的时候，麻烦大伙儿别泼我冷水了吧。

上完今天的课回到寝室，掏出阅读材料慢慢啃，读完就到饭点了。总觉得低头看书脖子有点儿疼，真是怀念寒假天天随便玩的日子哈。总觉得再这么下去要被“学习”两字虐出斯德哥尔摩综合征了，可我还想当个正常人。

2018/1/25

昨儿又和室友提了下冰箱噪音的问题，他今儿便把那冰箱搬走了，真是感动。说来这冰箱的问题上学期便和他提过几次，因为一直有些影响休息和睡眠，对我这个比较喜欢待在寝室里的死宅来说，算是个会影响一整天心情的问题。

说到冰箱，其实每层的厨房都有个公用的，我问他为什么不把食物放到公用冰箱，突然想起似乎G村的同学们对于食物素质极差，放在冰箱里的东西常会被偷。不过Nicky说，其实那帮家伙只偷吃的，其他财物诸如自行车、滑板之类的都不怎么会消失，倒也是不错的一点。

村里的治安应该算是不错，但是总觉得杭州那种走几步一个摄像头的地儿会更安全。Nicky看了我拍的公交车上摄像头的照片，盯着那一辆车里的六个摄像头陷入沉思，半晌抬头问我说会不会觉得太夸张了……好吧，的确做得很神奇呢。不过总的来说，生活在警察叔叔的眼皮子底下，还不用担心旁边的人突然掏出把枪来，这种城市实在是太棒了。

上的好几门课都对上课发言有点儿要求，真是麻烦呀。

蒲华　红蓼荷花图

2018/1/26

【西湖雪】

身在异国偏村，遥闻故乡雪讯，唏嘘相隔万里。

因所见不多，方朝思暮想。愈是难得邂逅，便愈是望穿秋水。杭州的雪便像是夜空中难得一见的流星，每每出现都能引起一阵惊叹与欢呼，接着在阳光与月色的照耀下消融熄灭。有幸看到琼花与流星的人们都在心中许下心愿，期盼着与它们的重逢。

打小生在杭州，西湖的雪景我也是见过数次了，算是得了旁人未有之幸运。此时虽只能隔着屏幕借照片一睹家乡的风姿，倒也不能说是不幸了。手指摩挲着屏幕，并没有摩挲相片时那种稍带凝滞的触感，却觉得眼中的风雪更加遥不可及。是了，就连相片都比手机的图像更加真实上几分，难免有些遗憾。

春夏阳光下的岁月是不断流淌的，如滔滔大河从未止息。当年的飞甍雕栏都在时光中褪去了色彩，而剩下的木石亦在千年后重组成了高楼广厦。可飞雪中的岁月不同，或是因天寒地冻而凝结，又或是因出现甚少而封存，漫天的风雪将千年的时光保存至今，恍神间还能听见宋时的钟鼓。

许是在一夜飘雪后的清晨，定有卫兵将临安的城门打开。宝盖雕鞍的车马从石板铺就的街口奔出，其后是成百上千披着冬衣的赏雪人。马车的幕帘时而掀起，从中传出少女如银铃般清脆的轻笑。腿脚轻便的儿郎或许能见着盛名远播的断桥残雪，而陶然徐行的老者大约就只能见到凌乱而愉悦的脚印了。失了叶子的柳枝在夹雪的风中飘动，树下是寸许深的素毯。在苍茫的湖山间必能见到雅客泛舟的身影，一一如逍遥飘逸的天仙，拥着毳衣炉火，向着尘世找寻不着的地方去了……

可惜这南宋之雪我如今是听不见更见不着了，虽然前些年头我确是曾听见的，而或许前几世我也真的见过，现在谈来也都只是空想了。我坐在寝室的书桌前敲打下自己的思念与妄想，眼前似浮现出去年杭州下雪的模样——不是寻常的淡妆浓抹，却比寻常更娇俏动人。若我狂妄自称君子，那西子定是佳人。可惜佳人远隔重洋，到头来也只能“捧玉照，细端详”。

断桥残雪的胜景我这十八年也只见过一次。那日我凌晨四点走出家门，裹着冬衣在风中走向西湖，赶在同样早起赏雪的人群之前。沿湖的雪大都还未被游人踩踏，尽皆均匀地散布在岸边。长椅与石板上的雪约莫是一样厚的，而湖与天也大概是相同的颜色。搭载文人墨客的木船还未出航，只有掠过湖面的风能惊起波纹。天地间，似乎一人而已。

当年的邂逅如梦似幻，记忆模糊得就像临溪照水，影影绰绰。或许便是这泡影般的记忆才适合雪中的西湖，因雪湖如晨露，逝去短暂。

2018/1/27

【家与霾】

闲时翻阅寒假在杭州随手拍的照片，看到激动处便拿给室友Nicky分享一二。想来杭州带给我的常是自豪呢，不论是风月无边的景色，抑或是日新月异的建设，与天下所有的城市比起来都不会逊色分毫。只是，想起心中几近完美无瑕的故乡，心头却总还是存有一丝怎也消不去的不自信。

或许是因为雾霾的缘故吧。

寒假回到杭州便犯了鼻炎，紧接着咳嗽一直停不了。我本想大口呼吸思念许久的故土的空气，却不得不在外出时戴上厚厚的口罩。那口罩似是隔绝恋人的墙，将怀抱的温暖分离千里万里。雾霾中的西湖或许比晴雨时的更美上几分，却好像毒品般让人无法安然享用。我戴着口罩站在湖边，遥遥地望着那如水墨般的姿容。既隔着白纱欣赏，又裹紧自身防备。

我和Nicky说，如果我毕业后留在美国的话，只可能是因为空气的原因。不论是金钱还是地位都不能让我做出永离故乡的决定，可唯有这点令我踟蹰不已。呵，资本主义的土地并不布满黄金，可资本主义的空气，似乎真的是香的呢。

爷爷是去年冬至前后走的，医院检查出了肺部的癌症。关于生死我一直没有多谈，大概是因为言及亲人时太过沉重。我这人一向很惜命，并且完全不介意被称为“胆小如鼠”。如果可以的话，我是想把父母都带到天朗气清的地界的。就算有再多的不舍与难过，人生有时总有迫不得已。

可我实在是想回去，不论是在白天还是黑夜，不论是在现实还是梦境。这十八年来我大概是如四处留下气息的狗狗般在城市里奔跑，若是离开的话，恐怕会因为没有安全感而几近死亡吧。从西湖水面倒映的月华，到钱江新城闪耀的灯火，是这座城市组成我记忆的点点滴滴。哪怕是风雨霜雪的日子，我都想披荆斩棘回到她的身边。

或许雾霾算是一堆囚禁了光明的篝火，而我正犹豫着做不做那扑火的飞蛾。

2018/1/28

花了一下午准备明天宗教学课上演讲的PPT，感觉脑子有点炸裂。果然一提到中国当代宗教的进展我就想提提“文革”呢，顺便把现在强调的“文化自信”与之前的事情都联系起来，不知道反响会怎么样。说来选择那么早做演讲也是有理由的……选择时间的表格传到我手上的时候就只剩下最前面的一天了……心里苦，不过硬着头皮上吧。

感觉平平淡淡地就度过了新学期的第一周，唯一的感觉就是学习好累来着orz没爱了。

2018/1/29

丁酉年腊月十三，Grinnell的夜空没有一丝流云，于是月华能毫无阻碍地洒向人间。十三的月亮不能说很圆，可当月光白得刺眼时，也就不太能分清楚它的形状了。往常在杭州时，山水间的月夜常常带给我陶醉与安宁，却从未有如今这种复杂的情绪藏在那玉盘之中。我喜见月轮皎洁，可异国的月终究如名剑，剑身越清寒则越锋利。今夜的月光大概是比路边的灯光更亮些的，既刺人眼，又刺人心，可谓残忍至极。

同样是夜里，同样是月光，在平坦处仰首与在三十层注视已有不同，在三吴都会欣赏与在异国他乡瞥见更是两样。往常在家中睡觉常常大开着窗帘，躺在床上侧着头便能见着阳台上如霜的光——虽然分不清是灯光还是月光。安逸时做着关于嫦娥与月宫的梦，低头便能见着自己毛茸茸的爪子正捣着长生之药。如今我不敢与月亮对视太久，大概因为我并不清楚外国的月亮上到底都有些什么人，在发生着什么事。每个月圆之夜似乎都会有狼人从平原远处的地平线奔来，身手矫捷地冲向茫然的外来者。

想来月亮真是个奇怪的物什。平日不过是寻常的风景，一离开家乡便蒙上了一层厚厚的雾。分明是同样的面貌，换一处再看却全然不同。

或许这月亮便是人心吧。

赵之琛　梅花山茶图

2018/1/30

选了一堆文科课的劣势大概就是被各种奇奇怪怪的阅读和oral report与paper折磨得死去活来。想来我也真是有勇气，才在有了上个学期的惨痛经历以后还坚持选择文科的道路吧。

Humanity的oral report和paper排在了同一天，下午读完了阅读材料就开始拼命赶进度，总算是在九点前写完了，觉得自己果然能在极端情况下逼出惊人的效率呢。

说来从小到大我的拖延症一直都蛮严重的，一开始的初心其实是不想在周末太早把作业写完了让我妈找着空子给我布置额外的任务……不过嘛，拖着拖着就习惯了！毕竟我可是可以在最后一周里写完暑假作业的男人啊！

Emmm讲真这学期是想把能做的都提前做掉然后后半学期放羊的，希望能达成吧！

2018/1/31

看了眼春假的时间，还有一个半月放假，也不算太遥远。不过貌似放假时间和其他学校的同学不太对得上，难过非常。还是有点想要去大城市里晃晃的……胃里油水不太足啊，最好还能打包一箱零食回来。

Humanity的演讲拿了B+88分，paper是B-83分……真是叫人头大啊，教授说我想法什么的都很好，视角也很独到精准，就是表达上还是有点问题，并且漏了几句文本没有分析。GG，好在paper还可以改一波，希望能改到A-吧。说来这学期Humanity有6篇paper和3次presentation，外加一次课堂回顾。总觉得征途漫漫。

没事，我头铁，我谁都不怕。既然不想学理科，这种被paper包围的生活总是要习惯的。

2018/2/1

【风与星夜】

天寒地冻，冷风如刀。

裹紧衣服从JRC走回宿舍，迎面吹来的平野的风带来窒息的感觉。在这急速奔走的气流间似是夹杂着细小如牛毛的针，刺在脸上几乎要将皮肤戳出成千上万的针眼。我庆幸夹在鼻梁上那不算厚的玻璃可以帮我挡下约莫十平方厘米左右的针雨，并在这如万箭齐发般的严寒中缩了缩脖子。双手是如何也不敢伸出袖口的，就连饭盒都是拿两个袖子平举托着的——比起盒子跌落地上的危险，或许这“触手可及”的寒冷更具威胁。

回宿舍的走廊是完全透风的，于是为了少走些路早些进屋的我选择了从草地上穿过，虽然并不能缩减多少行程，倒也算是抄了近道。踩着冬季衰败了不少的草坪，或者说是被这天地冻得缩紧变硬的土壤，我心中总对美国人喜欢把建筑造成规整的网状充满了怨念——这根本不能阻挡平原的大风。每夜就寝时总能听到狂风在窗外呼啸，它们大多顺着房屋的轨迹扬长而去，少数蠢笨的直直的撞上窗户与墙，发出沉闷的低吼。在这一个个被寒风充满的夜晚，或许温暖的寝室是唯一的美好了吧。我充满悲观地想着，直到抬头看见星辰。

因明月迷失了方向，我得以看见星光。

分明是腊月十六，可或许是望舒小姐她懒得梳妆，我寻遍天穹都没见着月亮的踪影。而少了乡村那刺眼的月，平日被遮掩的星才能借机出现在人们面前。虽说是月黑之夜，可星星也就十几颗，并无神话中那浩渺的天河。举头望天，心中全无崇敬之感，只觉夜空深邃，星辰静谧。

大概这才是如今这个时代真正的星空，不是千年前那壮阔的银汉，也不是都会中那无星的黑幕。不像千年前举世皆寂的夜晚，昏黄的街灯足以抹去大多的星辰，只留下最耀眼的几颗；也不像都会中霓虹缭乱的闹市，安静的村落尚能留下少数的希望，未泯灭我最后的幻想。

十几颗星点缀的夜幕，是银汉与漆黑间最中庸的样子。可能我所追求的也是如这般恰好合适的境界，在城市与乡野之间，在优雅与平凡之间。

这也是我梦想中杭州的样子。

2018/2/2

与Writing Lab约了关于Humanity paper的修改，逐字逐句地斟酌过去，觉得的确会有很大的提升。感觉这学期对于语言的掌握比上学期还是要好上一些的，上课不断地逼迫自己参与发言，口语或许也会有更大的长进吧。总之一切都在往好的方向发展。

转眼开学已经两周了，真叫做光阴似箭，再过没多久就是春假了。真是让人期待啊。

2018/2/3

周一到周五积压了一点任务到周末完成，干了好久才把大部分给搞定了。明儿想去超市逛一圈，不过还是要看看天气怎么样，若是太冷的话就网购好了。

宗教学的最后两本书终于运到了，老美亚马孙的发货速度真的和淘宝没得比啊……或者说物流跟江浙沪一带还是不太一样。当然，也有可能是我这边太偏了吧orz

把Apolish和Writing Lab对我Humanity essay的意见综合了一下，感觉应该改得还不错，等礼拜一交给教授也不知道能不能把我的B-给拉上去。貌似这个教授给分很严的样子，真是难过。

2018/2/4

昨夜风大，呼啸着与楼下开party的同学们闹到了凌晨。

早晨出门觉得还是太冷，这天气也不太想拜托室友开车，于是打消了去超市的念头。所幸物什也不是很缺，乡村生活的消耗也不大，甚好甚好。

其实越是周末越不想动，一是冷，二是偏。走出学校走出村的话，这片玉米地和荒郊野岭也没什么区别。听说学校十几公里外有个湖，跑上百公里可能有山，不过对于没车也不会开车的我来说都太遥远了。反正在我眼里咱村就是个没山没水的地儿，比起洗把脸就山清水秀的杭州差了许多。某有车的同学最近开车撞了树，再也没法开着车听着贝多芬看夕阳了，真是可叹。他说他买的保险是最便宜的那款，保险公司只保那棵树不保车，于是他就没了车……

近日飘了点小雪，天冷，虽小也能积住。

2018/2/5

昨日说雪小大约是落了天公的面子，故今早倏尔雪骤。

生在南方的我少见如此疯狂的雪，不过半日便积了尺许深。走在街上，靴子踩下去便是嘎吱嘎吱的声响，低头一看，鞋面已被薄冰覆盖。长椅上、树枝上、露天的桌上都积满了雪，雪块垒得高高的，似乎一触碰就会落下。出门时没打伞，于是不久后琼花就停满了我的肩头与帽兜。就算把帽子戴上，那飘飞的雪依然会乘着风落在我的眉头与嘴角。

回想古人用以形容雪的词，似乎都美得令人心醉。不论是玉蝶或是琼妃，或是梨与梅之类的素雅花朵，都带着一股超凡绝世的气息，像是天仙临尘，不染烟火。

想来这雪也的确是不属于人间的事物，在握在掌心的瞬间，或是阳光明媚的午后，她约莫便要回到天上去了。

附《临江仙》一首，大意与前文无二。

临江仙·雪（新韵）

骤冷行云凝雨，玉蝶忽上层楼。
寒梅摇落帽盈兜。
雪庭方驻立，未老已白头。

飞絮游丝无定，捕风捉影难求。
琼妃到底似闲愁。
红尘留不住，化水指间流。

2018/2/6

中午吃完饭陪某位仁兄去听了场音乐，系两个教授的私人演奏会，据说他俩是夫妻，小提琴与钢琴和鸣，年年都这样虐单身狗。说来Grinnell教授内销的比率真的是蛮高的，大约是因为也没什么机会认识外人吧。

这位仁兄本是想制造一次与想追求的妹子的“偶遇”的，可奈何人家姑娘压根没来。本是醉翁之意不在酒，最后变成了跟我两人结结实实地欣赏了一波高雅的音乐。若要问我是去干什么的话……其实我原来是想去看戏的，没想到女演员没来，可悲可叹。

今儿雪霁天晴，与昨日的雪景又有不同，各具妙处。

下附新填的另一首《临江仙》

临江仙·雪（其二）

久夜周旋风雪，初阳斜照层冰。
霜天冻彻亦晴明。
寒晶如潋滟，烁烁满原星。

雪事常随人事，烟花一瞬堪惊。
凡尘行路此身清。
他朝挥手去，衣素访仙庭。

2018/2/7

前不久见《旅行青蛙》大火，也就在手机上下了个玩玩，那崽子寄回来的明信片从来都是孤孤单单的……直到前不久攒齐三叶草（游戏币）买了一套行头，各种小伙伴就都出镜了。哈，那么现实的么……这叫做有钱人家的娃好交朋友吗orz

实话说我一直不太懂为什么这么随意的游戏会火，大概是最近网民对于“佛系”的追求造成的吧。其实总感觉这所谓的“佛系”与道家的思想可能要更贴近一点来着。

佛教的思想在中国文化中大约算是被误解得很厉害的了……各种民间风俗、素食习惯、淡泊思想，都被归到了佛教一块。记得上次宗教学的教授说了，中国许多百姓拜个土地庙就说自己是佛教徒……

竟无法反驳。

2018/2/8

【留洋小记】

远洋久住，常忘番邦之别。食西餐而友乡人，时有陶陶之趣。缘朝暮来往之路，赏行道四季之景，渐生熟稔之感。观初阳之变化，记日暮之时辰。寄此心于物外，方知异国之景本无不同。究其变化者，人心也。虽春无柳色，冬逢骤雪，然广寒之盈缺，草木之枯荣，皆似故乡时令。纵雾中花、风前雪、雨余云，尽可寻得，但少杨花而已。

中西人事，更非殊途。逢人笑对，自无恶语相迎。交流学术无碍，寻常谈笑风生。然久离乡音，心下难免空落。晨起尚未洗漱，已遇洋声入耳；就寝窗外喧哗，常常难辨所云。昼寝醒时恍惚，以国语问时辰，三问而不答，惊觉身在他乡。

平原风烈，夏折松枝，冬卷檐雪，不似江南温婉。

2018/2/9

感觉Grinnell教授分两派，一派是电子设备各种网站用得贼6的，还有一派是完全对这些不感冒的。Linguistic的教授要求作业都是打印出来上交，然后网站上也有许多各种各样的评分细则，彻底利用了学校的登分系统。Humanity的教授就表示看书一定要看纸质书才带劲，并且跟我说写paper的时候千万不要用电子书的搜索功能去找线索……登分也是用名册手写的。

怎么说呢，坚持纸笔是一种浪漫，利用设备也算是潮流吧。

就是不能用搜索功能，真是给我这个浏览速度不快的家伙出了个难题啊orz 一整本《伊利亚特》呢。

2018/2/10

一有车有厨具的小哥采购了各种食材，于是同学们自制了一波火锅 —— 心满意足。自出生以来没咋下过厨房的我也尝试着动了一下刀（切萝卜），洗了一波菜（洗白菜）…… 嘿嘿，非常自豪。十余人挤在个小阁楼里吃食，走廊对面一屋开 party 的老美貌似招来了警察，也不知道他们在做什么奇怪的事情，反正我们是健康积极的火锅组。

这两天雪真是积得很深，尝试走近路的我靴子里边进了不少雪，好在走进有暖气的屋子就不觉得脚冷了 …… 回去的路上不敢再冒靴子进雪的风险，便老老实实走了大路。说来雪地上常常看到各种足迹，大概是各种头铁的同学们吧。有一种笔直一排的单个的印记我一直想不通是怎么走出来的，直到我看到了一只松鼠在雪里兔起鹘落蹦跳，才知道那是松鼠整个身子起落造成的印子 …… 这种经历，若是没亲眼见过，我大约是想象不出来的。

冬天很冷，火锅很暖，美滋滋。

2018/2/11

春节渐近，若是在国内的话，大约街道中已经满溢“年”的气息了吧。不过在美国村里的话，别的暂且不说，想要感受到年味怕是个奢望了。年关近了，想来中国的乡村里定是热热闹闹的，各家筹备年货，并陆续迎回返乡的亲友；而在纽约的唐人街也定是喜气洋洋的，邻里相互邀请，在各家的客厅里设下宴席。国内的大城市更不用说，必定有各种商户迎接春节的活动，而每家也有每家大同小异的庆祝方式。

想来，也就异国的小村有所不同了吧。

估摸着在除夕那夜，或是初一那天，现在心里这种说不清道不明的感觉会变得更明显吧。到时定有许多牢骚要发，或许会有几分愁绪要舒，所以在这似是临刑前的几日，还是不谈为妙吧。

2018/2/12

【雪泥】

雪这几日停了，但因严寒还积着不化。可琼花这物什本就是不适合人间的，一旦流连久了，便不能一身清净地回到天上去了。

道路上的雪早被铲到了一旁，只留下薄薄的一层，并且不复松软。来往的脚步早将尘土带到雪上，于是冰雪也不再是素白的样子。不像子瞻词中“雪泥鸿爪”般超凡出世，若真将“雪”字与“泥”字简单粗暴地混在一起的话，实是个惨不忍睹的画面。尘与雪混杂在一起，是灰与棕的颜色。被践踏化开的雪水似是雨天的泥塘，提起鞋底时总会带起一串肮脏的污水。无人会用手直接去触碰，更无人会张嘴去饮用，可这些令人嫌弃非常的雪水，几天前还是从天而降的精灵——人们奔跑在雪中，笑着喊着，尽情享受这如云般的花朵。曾随意地伸手抓起路边的雪，捏成雪团互相打闹；也曾抬头望天轻启双唇，感受冰晶在口中化开的清爽……

我想，这雪终究是不该在人间久留的。不论是凌寒未至时的神秘，翩翩降临时的优雅，或是飘然离去时的潇洒，都会被流连不归时的拖沓给玷污。这堕落凡尘的样子，许是难看了些。

钱载　兰竹图

2018/2/13

昨夜写paper就寝较晚，今儿又有早上八点的课，稍觉疲乏，于是打算早睡。

下午五点需要上交一份paper，于是赶着在两点多找了一次Writing Lab，感觉不同教授的水平的确是有区别的。找Bill的话每次都可以把文章好好地梳理一遍，文法可以提升好几个level。这次找的David……怎么说呢，就觉得都是我balabala列了一遍自己想要修改的地方，而他愉快地和我说：“嘿兄弟，干得漂亮。”觉得浪费了我DDL前宝贵的半小时。

Humanity课上对于*Iliad*的学习在上交paper后大约可以暂时告一段落了，明天上课要开始讲*Odyssey*了，有点期待。

2018/2/14

【我的新年】

大雁为生存而迁徙，鱼群为繁衍而洄游，而华人在春节返乡，大约也有个关乎生死的缘由。

因平日都在杭州，所以过年时父亲总陪母亲回娘家龙泉去。每逢过年的前几日，父母便开始收拾行李，将想要带回去的物什打包上车。对于带回龙泉的行李，母亲是从不嫌多的。有人搭车时便把后备厢与座位脚下放满，无人时更是把后排的座椅也堆得满满当当的，只给我留下足以容身的地儿。多年前回龙泉要走盘山公路，动辄七八个小时才到，如今高速开通，倒是好了许多。也不知若能从美国直接飞回龙泉，又要花上多少时辰？有时回乡的路上会碰上雨雪的天气，但纵是2008年的大雪都没有挡住那时我们的脚步。早早收拾好的行囊，一下班放假就坐上车的迫切，这般似箭的归心怎会被雨雪阻挡？于是披星戴月，千里奔驰，方在午夜到达。

儿时的年多是在外婆家过的。外婆家人多房子也大，过年时总是热热闹闹的。大大小小的孩子们随着姨妈们在院子的灌木与树上系上红包福袋，外公、舅舅与几位姨夫则取出梯子在庭院的门外用浆糊贴上春联。自家屋子前的福字自是不可少，而年年有鱼的挂画也时常出现在墙头……年货定是早就备齐了，甚至是在天涯四散的家人陆续回家之前。外婆数天前便备好了传统的合菜，而姨妈们赶回来后也一同筹备生粉粿与麻糬，这些乡间的美味，是大伙儿平日在各地甚少能吃到的，而我如今更是触碰不着。

约莫在除夕前的某个下午，家中男丁们会把足有两米直径的圆桌板摆放妥当，以供大年夜赴宴的宾客与家人用餐。除夕夜的晚饭常设两桌，因来来去去总有二三十人，一桌实是坐不下，也不知今年又有多少面孔？客厅的电视是常开着的，虽然其实没什么人会关注播放着的春节联欢晚会，可不放又觉得缺了什么。红包或许是孩子们在年夜饭时最期待的了，虽然大多会被父母收走，但一瞬间拥有巨款的感觉也极是幸福。因家里人多，大大小小的红包总能收到十几二十个，捏在手里厚厚一叠，揣在怀里则似抱了块钢板。这许多的红包是不可能同时给出的，于是长辈们总在酒席上陆续站起，而孩童们围上一圈，说些讨巧的彩话。大人的觥筹交错对孩子们来说是无聊至极，故吃饱了的便离席玩耍去了，直到听见吆喝才兜转回来笑嘻嘻领些钱款，坐上一会儿便又溜走了。从下午四五点开席，直到凌晨一两点方结束，年夜饭便如团圆的喜悦般绵长。

晚上十一点多时便能听到烟火的声音响起，窗外也能望见七彩的华光掠过。大抵在十一点半时，所有饕客都会放下手中的筷子，搬起早先买好的烟花爆竹，走向庭院的门口。大家用木炭燃起一盆篝火，把七八米长的鞭炮绕成蚊香般的样子铺在路上，而烟花和小的焰火棒则是一箱箱放在道旁……鞭炮响前所有人都捂住了耳朵，紧张而期待地望着红彤彤的鞭炮与摇曳的篝火。负责点燃的人一手持着打火机，一手护着火苗以免其被寒风吹熄，而脚下则做出随时能跑远的姿势。当鞭炮响起时，仿佛大地都被震撼，而我也便理解了为何年兽会仓皇而逃……待到烟火与鞭炮尽皆燃尽了，一行人便重新回到了桌前，继续着先前未尽的酒局与话题。煮上一锅水饺，再起几瓶酒水，待到疲了倦了，便陆续回房就寝，等待着次日一早被别家的烟花爆竹闹醒。这春节就如绚烂的烟火，在每岁开头便照耀了新一年的道路。

或许是重复太久了，又或许是印象太深了，如今身在万里之外，与家人远隔重洋，竟也能将外婆家中的情形想象到八九不离十。家人微信群中晒出的照片与前些年没什么变化，或许我能自豪地说，这些事我不看照片也全能知道……

可我还是一张张看了，点开语音视频一点点听了瞧了，比前些年确实在那的时候看得更认真些。室友还没回寝室，于是点开语音时我也就大咧咧地外放出声了。国内此时应是年三十的早上，而我这儿还是一个人的夜晚。年三十的夜里是没有月亮的，可从没有团圆的人会为了她的缺席而感到惆怅，但我如今实在想见到她的光芒。明月是只有在他乡才会有盈缺变化的，且盈时不盈，缺时更缺。

春节返乡定是有个关乎生死的理由的，而不回乡者定是处于生离或死别的境地了。

2018/2/15

狗年伊始，日子于我其实并没有什么不同。早上Ecn与Syntax两门课下课以后给家里打了个电话，他们大概是刚放完烟火的样子，都一点多了。喝酒的一个个都脸上通红，看起来定是喝高了，听说舅妈都已经醉倒在床上了，看来是经过了一场艰苦的战斗。

和室友提起了今天是中国的新年，他问我这算不算是中国最重要的节日。愣了愣神，稍一思索，我点头肯定。是了，最重要的节日，不过最近这四五年都没什么机会过吧，也蛮难过的哈。

街边与屋顶的雪大约融了一半的样子。草地泥泞非常，而房檐滴下的水珠如水晶帘幕。逐渐消退的雪景看起来有些萧条，萧条得如这毫无年味的年。周六CSA要办春节相关的游园会，希望能给这儿添上点生气吧。

2018/2/18

前几日表弟向我讨我以前写的几首《南乡子》，说要去研究研究词牌。说来我当年填词入门就是填的《南乡子》这个词牌，还真是怀念。周末闲来无事，便又翻出词牌草草填了两首，附于下。两首词彼此无关联，练笔而已。

南乡子·醉仙

大道怎无情？大道从来似宝瓶。
醉向蓬莱寻白鹤，
酩酊，长啸佯狂驾鹤行。

梦醒立闲庭，檐外松旁看雨晴。
遥望红尘常袖手，
心清，妙法仙音侧耳听。

南乡子·花月

花月似佳人，月色朦胧花色昏。
心若雾花观水月，
氤氲，花月谁知可是真？

对月举芳樽，欲饮杯中月入唇。
人世枉将花月宠，
清晨，剩有寒衫伴我身。

2018/2/19

下午Religious Study的课在图书馆做研究，完事儿了便跑去Advisor的办公室聊了聊关于选专业的情况。

要毕业总共要124个学分，而每个division最多能拿92个，具体到专业的话就只能拿48分了。如果要major in某个专业的话，需要32个学分以上……算了算就算想读个double major也不是很麻烦的样子。

Linguistic的concentration我现在不是很想全部读完，可能就零零碎碎报点课，最后如果可以的话就修上，不成就拉倒。Double major或许Religious Study和Classics会是不错的选择……Classics major的话需要读一门Greek或者Latin，个人还是对Latin比较感兴趣一点——听起来就好帅的样子！

未来回国的话，就马马虎虎当个神棍好了，也算惬意。

2018/2/20

【凝雨】

昨日细雨绵绵，经一夜风寒，晨已凝冰。枝头冰珠似琼露，细密明亮。冬暮草木萧条，花叶尽落，枯枝横斜。而冰晶如含苞之梅，挂罥枝下，圆润晶莹。雨后潮泥霜冻，车辙脚印尽皆凝结。落云触地成冰，满目寒晶若珍珠乱洒，踏之则崩碎作声。

昨日恍惚，疑江南逢雨，今见冰花霜珠方知不似也。

唐多令 · 寒野雨潇潇

寒野雨潇潇，冰珠凝树梢。
恨流光、易把人抛。
冬暮空庭无叶落，料秋日，尽飘摇。

云色蔽苍霄，天河隐鹊桥。
纵乘风、归处也迢迢。
雁阵征帆一载路，未及我，半程遥。

2018/2/21

一个居民能持枪的国家，怎么说也不可能太平到哪里去。佛罗里达州又出现了枪击案，而舍己为人的华裔少年Peter Wang成了这场悲剧中最令人钦佩的一个。疏导同学撤离，抵门阻止凶手，直至身中数枪才倒地……毫无疑问，这是一位凝聚了人性中最伟大部分的英雄，而西点军校也追认其为学员，国家也决定以军礼厚葬他。

可总有人在我为人性的光辉而感动时，义无反顾地跳出来向我展示人性丑陋的一面。其实我一直对很多网民的脑结构感到很费解，因为他们总要把人性的善与恶扯到国家的层面去。翻了翻各种网站的评论，大多人都在对这位少年英雄表示敬佩与惋惜，可总有人在提国家矛盾。比如有人提及“他想要考入西点军校，以后毕业出来就是中国的敌人，现在死了最好”，或者“这是美国人，以后他拿着枪对着你和你家人的时候看你怎么说”，甚至“一家子既然选择了当美

国人，就和中国没关系了”…… 瞠目结舌，或许这就是所谓“乡村爱国主义”，或者说缺乏“文化自信”的体现吧？

英雄式的榜样是向来被社会所需要的，不论是中国还是美国，都需要塑造自己的英雄形象，以引导社会的风气。而英雄的事迹应也是不分国界的（当然，除了所谓战争英雄），是不该被狭隘的“身份”所拘束的。也不知道这么多或仇美或仇富的言论是怎么跑出来的。

大约是英雄的光芒太耀眼，惹得一些人一个个都坐不住了吧。

2018/2/22

早上起来考了经济学的考试，也不知道考得怎么样……说起来我也的确不算太擅长这些，但是这题也真心不能说太难，感觉和SAT的数学差不多，应该没问题。早上八点的课上完一天就晕乎乎的了，感觉都大学了还每天早起的话不太对得住自己来着。

最近总觉得日子过得蛮快的，转眼就从周一到了周四，明天课上完又是双休日了。上课也算不上什么负担，毕竟读的很多都是自己也比较感兴趣的内容。感觉这样完全靠自己选课的方式真是不错，不喜欢的事情干脆不做，如果教育从一开始就是这样或许会是种不错的体验。

下午问了问Nicky知不知道Grinnell大约什么时候才会变暖和，他说大概要四月份了……这个冬天真是漫长无止尽啊。

2018/2/24

中午跟着同学把昨儿打包回来的菜热了热吃，心满意足。同楼的俩姑娘也在厨房做麻辣火锅吃，便也蹭了点吃食。感觉一旦开了荤，要再回去吃那些斋食似的东西就很不情愿了呢。好在再过几周便是春假了，能去纽约好好待上一两周，顺带犒劳犒劳自己的胃（可能这才是主要目的）。

Humanity的成绩有蛮大一部分是取决于上课发言的，开学至今的上课参与成绩教授给了我B+ 88%……她说我的发言还是蛮有质量的，就是还需要更多参与一些。怎么说呢，很无奈。我已经强迫自己每节课至少发言一到两次了，不过她还是觉得太少，然而说实在话这种方面的讨论我可能反应要慢上一些。不是因为文本理解能力的问题，就是因为话说出口之前要组织一下语言orz 难过。不过，对我来说其实88也还不错了，毕竟也不是特别看重分数——好在我妈也不算特别看重吧！

最后，请允许我对带我吃好吃的大哥大姐们表示感激，太感动了。

2018/2/25

【笼中狮】

很久很久以前，草原上有一只狮子。他有着光泽的鬃毛与强健的体魄，是所有动物们的王。他曾打败了来自西边森林的虎豹，他的祖辈也都是草原上的帝皇，他的地位至高无上。

可就如同他的祖辈一般的，草原如今辉煌的王者也有着不光彩的一面。狮子每天都会从草原的居民中挑选一位撕开喉管，作为那日的餐食。狮子是英雄，也是暴君。

终于有一日，大约在几十年前或是一百年前，草原的居民再也无法忍受他们君主的暴虐。于是他们联合了起来，趁曾经叱咤风云的王者年老体衰时将他关进了笼子里。

此后，狮子再也无法肆意地以草原的居民们打牙祭了。他卧在笼子的中央，却依旧被尊称为王。所有人都觉得，这或许是最好的结果——西方森林里的虎豹慑于雄狮的威风不敢进犯，而嗜血的狮子也被笼子所束缚。

可世间没有一座囚笼能长存不朽。在新一代的狮王成年的现在，曾经坚固的铁笼终于出现了松动。正当壮年的狮子日日在笼中徘徊踱步，时而发声嘶吼。草原的居民们畏惧王者而不敢上前修补囚笼，只得任由狮子不断冲撞撕扯。

狮子渴望囚笼外边的世界，他不会永远安于做一位笼中的王。

2018/2/27

计算日子的时候一直按照一个月30或31天算的，总觉得离春假还有好远，突然意识到转眼就要到三月了。有时候迷糊久了会有更多惊喜啊，所以人真的不能太认真——对什么事都一样。Why so serious?

国家大事本不该谈，既然喜好诗词歌赋，不如着眼风花雪月。填得《后庭花破子》一阕，附录于下：

后庭花破子

学史负前贤，知书不敢言。
怯观司马辈，无遣诗案冤。
愧儒冠，哀鸿惊鸟，以何周复旋？

《后庭花破子》乃金元小令，与唐词《后庭花》，宋词《玉树后庭花》异。此词与《玉树后庭花》绝无关系，绝无。

2018/2/28

晚上写完作业，打开word文档对着满屏的字，忽然觉得这样每天写点东西的习惯确实不错。我的确每天都是需要一段时间来整理自己的思维的，若是平平无奇的一天，便随手写琐碎之事，不算是负担。而若是有想到什么就都能记下来，不至于说因为懒惰或是健忘，把灵犀妙语给遗失了。

或许做这个公众号的初心本就是为了敦促自己不要懈怠吧，毕竟若是我自己拿本本子写写，可能一个月都坚持不到。开始记日记大半年了，七百多个粉丝说多不多，但对于那么个私人的小小日记来说还真是有了不少的关注。有时候功名心起，也希望关注的量更多一点，不过我说到底也不是那种靠压榨压榨自己就可以写出东西来的人呢。

所以，平平淡淡，并无不好。

2018/3/1

【满庭芳·戊戌年正月十五忆杭州】

元宵节自古便是一年中顶顶热闹的日子了，不论是“月上柳梢头，人约黄昏后”的旖旎，或是“火树银花合，星桥铁锁开”的绚丽，都叫我这异国他乡的人感到苦涩来着。

所幸我知道你们也都要受苦了，而我快放春假了，如此一来，心里就平衡了很多……我的意思是，想来国内刚过了元宵，而公司学校也到了上班开学的日子了呢。

感觉课程的难度越来越高了，Humanity的课不读史诗开始读悲剧了，而我真心觉得那些词儿看上去一股浓浓的“中二”感……不想多说。至于Linguistic的feature structure也把我弄得云里雾里的，画树状图分析句子时也有点儿混乱，毕竟学界本身就没有统一的意见……不过自由点也好。

咳，上课时候开了会儿小差填了半首《满庭芳》，下课补齐，看起来还不错……有时候走走路也会脑子里蹦出点句子来，这可不能怪我。

附于下：

满庭芳·戊戌年正月十五忆杭州

雨舍联红，晴窗桐绿，东君又旅南乡。
风生絮卷，莺燕复成双。
湖色映山同碧，漾舟处，潋滟浮光。
流波静，因人驻步，照镜补唇妆。

萧娘曾怨我，离家去国，孤意游方。
到如今，摩挲影像端详。
故地行人如织，春风剪，难断愁肠。
河堤柳，绵绵萦系，万里月昏黄。

2018/3/2

Yunxi同学说今儿煮汤圆吃，我端上饭盒就屁颠屁颠去了。说来会烧饭真好啊，我也得学点儿手艺起来……其实已经有开始努力了！比如今儿的蔬菜是我切的！

元宵这几日能吃着汤圆，也算是别样的幸福。有太多东西拥有时觉得理所当然，并不会珍惜，真到了寻不到的那日才会觉得心痛难过——人还真是贱啊。

说来希腊的史诗和悲剧真是蕴含了很多的人生哲理呢，比如Achilles和Odysseus都有不错的结局，因为他们背后一个站了他老妈一个站了雅典娜，而这两位女神……和宙斯关系都不错啊。转看Agamemnon，这货动不动得罪个神，背后也没有伟大的女性作为支持，最后就被自己老婆和情夫给干掉了……真是令人唏嘘。看起来古希腊的命运果然和女神脱不了干系，心疼Agamemnon一波，出来混没有坚实的背景怎么行？

说来感觉《荷马史诗》里倒霉的事儿和女性的关系都很复杂，比如海伦被诱拐引起了战争，太阳神祭司的女儿导致了Agamemnon和Achilles的不和，宙斯被赫拉色诱睡了过去差点儿误了事请，还有倒霉的被老婆砍了的Agamemnon……如果把阻挠Odysseus回家的海妖也算上的话就更多了。这算性别歧视吧！算吧！这种赤裸裸的“万恶之源”的思想真的是相当的瞩目呢……我就不提潘某拉的盒子了。

2018/3/3

昨晚睡得不算早，而今天迷迷糊糊睡到十点多起床，算了算时间国内已经三月四号了，正是我十九年前出生的日子。

觉着年龄越大生日过得就越平平淡淡。以前一家人总要找个地儿庆祝一下，或是家里设宴，或是呼朋唤友到餐馆里奢侈一回。去年的生日我是找了雨尘去吃了顿好的，顶着雨打不到出租车最后还换了三趟公交车回家，生日蛋糕还是随手在星巴克买的。今年就更随意了，在食堂的甜点区随便拿

于敏中　金秋菊花盛开

了几块日常的蛋糕囫囵吞下便算吃过了，也没心思去考究什么。

想来这些年许多人的生日也都从点蜡烛许愿变成了朋友圈收祝福吧，至少我朋友圈随手发的一条是拿到了我平常两三倍的评论的。生日说起来算是个大事，但终究还是个小事，所以越是看得通透便越是平平无奇 —— 毕竟我一年中一直在长大，也不是集中到一天突然变大的。反思反思自己的心态，觉得可能的确是老了 —— 十九了，奔二的人咯。没想到我“李三岁”也会有今天，真是仰天长啸壮怀激烈，令人唏嘘不已。

我觉得有一个问题可以测试一个人的人生成功与否：如果有一次从头开始的机会，你是否愿意舍弃一切重来。我的话肯定是不愿意的啦。

2018/3/4

早上爬起来十点多了，赖了会儿床洗了个澡，下楼和同学弄了面条吃，吃完回房间躺床上看看书，迷迷糊糊就又睡着了。睡醒同学说要弄烤鸡翅吃，我就又开开心心蹦蹦跳跳地下楼去厨房了……吃完睡睡完吃，我觉得我的人生就这样当一条咸鱼也挺好的！

真的好幸福啊我的天，这日子除了有些时候看不懂悲剧里面讲了啥以外，完全没有可以挑剔的地方了！生活质量得到了极大的提高，“一本满足”。

今天看*Agamemnon*（一个悲剧的剧本，不指人），有一句话反反复复读了好几遍都看不懂，觉得自己的英语水平亟待加强。Nicky回寝室以后我抓着本子问他，结果他也不懂……于是我突然对自己又有了信心= =现在问题在于我到底给自己找了些什么奇怪的书读。

觉得希腊悲剧里有很多莫名其妙的描写，比如说今天我看他写一个信使，一定要讲那信使从A地跑到B地，B地跑到C地，C地跑到D地……来描写他把信从A送到了Z，而这些地名基本是只出现这一次的……更过分的是，当我辛辛苦苦读完了这个充满了乱七八糟地名的段落之后，和叙述者对话的那货又来一句："夫人，请您再说一遍。"然后那夫人换一种表达方式再讲了一遍！！！这是何等的令人震惊？！

说起来《荷马史诗》里面很多的重复都是为了吟游诗人记忆方便而存在的，而看史诗是不可以根据单独的形容词来进行分析的，因为这形容词完全是按照一个循环的适配音节的体系来的，并不是针对特定的场合或者情节的。不过读后面的剧本就不一样了，每个词都精雕细琢有特定的考量……这才是我熟悉的文学啊orz

2018/3/5

【惊蛰】

昨夜久卧未眠，听得春雷第一声，始知已至惊蛰。偏村多虫豸，畏寒尽蛰伏，门庭且清净。今春雷乍响，清静之日应不多矣。

室窗封闭，雨声难入，闻风猜测，终究无凭。晨起推门，方察一夜骤雨。春日近也，然树木光秃若晾衣之杆。枯枝雨打，残叶风摧，实是唏嘘。旷野层云密布，久望难见天日。思沉云之上必有仙阙，然不知是汉是洋？

惊蛰之雷唯一声，虽风狂雨急，未闻次响。草木虫豸，造化生灵。闻雷醒则春风化雨，万灵苏生；闻雷卧则冻土霜结，任尔长眠。此自然之苛，不亚暴秦之政，远过良师之严。适者存而惰者亡，全无周旋之余。

冬夏之序，存亡之理，此天纲地律，千秋万世未改其分毫，亦造物者之无尽藏也。

2018/3/6

今天一天大事没有，琐碎事情倒是很多。

惊蛰过后居然又飘了点雪，稍微积了点起来，但比起上个月真是差了太多了。这程度的雪在杭州倒是能让我激动不已，在这边见惯了就完全“无动于衷”了。果然是物以稀为贵，或说曾经沧海难为水。

下午与春假纽约那边活动的负责人视频了一下，大致确认了一下想要做的项目。打算去寻访一下在纽约的寺庙道观什么的，最好能接触一些群体，以促进我自己对于东亚宗教这方面的研究。

去纽约的机票上次订的时候弄错了时间，3月17日的飞机订到了3月7日，我检查也没查出来，还好今天发现了还来得及改，倒是被吓了一跳。

说起来今天食堂的饭菜出乎意料的好，还按照夏威夷的

汪士慎　春风三友图

风格布置了一番……我问了问也没人知道这是不是什么节日，不过有好吃的总是令人开心愉快的。

空闲的时候把自己前段时间写的小说的框架重新整理了一下，打算再捡起来写了……说起来断更很久了，实在是惭愧。

2018/3/7

今天看到一段小学生的作文，附于下：

宁波华天小学602班的学生邵梓淇写道：“对人而言，沙粒不断坠落的过程就象征着光阴的流逝，但也不能单单认为这是自己的失去。如果将我出生的那一刻定义为拥有全部时间的话，时光确实从我手中流逝了；但如果将我死去的那一刻定义为我拥有了自己全部时间的话，那么，我一直都未曾失去过时间，而是一直在获取时间。”

总感动于后来者的思考，也惊讶于他们追逐超越的速度，我相信他们都能有光芒万丈的未来。

关于时间的思考总有别样的魅力，而这大抵是源于三维生物对于四维的探求吧。在时光机发明之前，人类在时间的长河中只能被迫地随波逐流，没有停下的机会，也没有倒退的可能。

但是，令我感到欣喜的是，人类自古都有回首过去的权利。

时间是条笔直的河流，乘船顺流而下看到的风景，与站在下游回首观望之所见，本质上来说并没有什么差别。船首水花飞溅，船中客望不到太远的未来，却能亲历未知的美好；船尾波平浪静，回顾者能看得过去的全貌，可惜再没机会故地重游。

时间是沙漏中的沙，它随着人的成长不断流逝，最终积了满满一地。可在通过沙漏那瓶颈的时候那沙粒就变了，它获得了一个名为“记忆”的新的名字，却再也不能被称为时间了。若在生命尽头人们能拥有全部的时间的话，那我们定还有把它重新抛撒出去的权利，可垂暮者定是没有抬起手的力气的。

或许我更愿意承认说：人，是从未拥有过时间的。时间是辆奔驰的列车，而人们在出生时飞身扒在车身上，待到无力维持了便落下，最终获得逃不过的死亡。有人在车身上刻下了些印记，而这些印记便被后来者认作是传承了。虽然车身上的刻痕越来越多，甚至将车身覆盖，谱成了恢宏的史诗，可这些印记总还是无法改变生与死的进程。或许刻痕上记录了怎样的姿势能维持更久，可更久终究不是永恒。落轨的那刻隐约感到我拥有它了，可看到的却是飞驰而过的背影。

我希望我是在时间的彼端拥它入怀的存在，可理智告诉我我不过是只蜉蝣。

仰大岳而长太息。

2018/3/8

【情词三首】

整理了一下先前写得比较满意的几首“情词”，为了便于理解我把主要的典故都罗列了一番。听说白居易当年成诗都要读给妇孺听听确保好懂，真是令人敬佩啊。

青玉案·仙侣

与卿同把余生许，共落笔，姻缘簿。
心缚网丝情作蛊。
湖堤浅草，画廊深户，皆惹相思处。

闻琴解佩成仙侣，手植西窗合欢树。
白首齐眉寒又暑。
梧青桐碧，凤鸣凰舞，飞渡红尘路。

主要典故：

张先“心似双丝网，中有千千结”。

晏殊“闻琴解佩神仙侣，挽断罗衣留不住”。

（“闻琴”指司马相如、卓文君事，“解佩”则为刘向《列仙传》的“仙子解佩”典。）

元好问“天南地北双飞客，老翅几回寒暑”。

唐多令·青丘

醉梦醒犹欢，佳人气若兰。
恨凡心、吹动经幡。
远赴长洲方几日？青丘客，眷狐仙。

秋水望时穿，相思欲剪难。
到如今、魄绊魂缠。
曾笑聊斋多妄语，谁料我，赋新篇。

主要典故：

“恨凡心、吹动经幡”化用禅宗六祖慧能事，与佛法无关。

《山海经》记妖狐之国名为青丘，又名长洲。

蒲松龄《聊斋志异》，多鬼话。

南歌子

到底相逢晚，尘劳草芥身。
儒经礼道锁情真，
终为旁人辜负此良辰。

克己磨心意，梨花闭我门。
夜深明月照南津，
谴我自私自利竟沉沦。

大白话，没典故。

2018/3/9

跟同学还有个越南妹子一起试着弄了个芝士蛋糕，虽然我就是打打下手，不过还是很有成就感。(吃的时候变成了幸福感！)说来烘焙真是个神奇的东西……这世界太奇妙了！

下午跟Religious Study的教授讨论了一下论文的选题，发现之前的关于“文革”时期孔庙被破坏情况的研究可能不太好找材料，毕竟都被……了。打算换成别的。

2018/3/10

下午走去图书馆的路上遇到了一群鸟，散布在沿道的四五棵树以及草坪上。觉得好久没见到它们的身影了，而如今雪化了，春天兴许也快来了。我喜欢静静地去感受这生命的力量，它温和而细微，却有着令人感动的美好。春天与花草树木许下的这约定，历经数千年都未被违反。

也许是春天近了的缘故，一天昏昏欲睡。其实这般昏昏欲睡的状态也不错，似梦似醒更有利于文学创作与灵感激发呢。一天梦游得了不少散句，待什么时候心情好了补补全就是诗词了。

答应教一个朋友填词，帮忙改了改初学者的作品，总觉得自己留下的痕迹太多了，几乎变成了自己的作品……还是功力不够深，修改的度把握不好。

原词就不放了，修改后的如下：

破阵子

絮舞春风偏冷，雾浓雨骤帘招。
天色欠晴游驾少，箬笠蓑衣琴伴箫。
孤舟云外飘。

对坐交杯谈笑，竹篙截水船摇。
远岸人间烟火重，橹下平湖照青霄。
谁言仙阙遥？

2018/3/13

到了midterm week我总算是清晰地感受到了课程的难度了——让你抱着书看，拿着笔记抄，带回寝室慢慢做，你也不一定写得出来。

没错我说的是Linguistic的take-home exam。

果然所有的不用你闭卷做的考试都有它放宽要求的理由，我看要是要求闭卷的话神仙都写不出来= =

跟老师约了明天下午的office hour，希望能把问题都理清楚了。不过说来考试难点也不是坏事儿，这次是真正地发挥了查漏补缺的功能了。

2018/3/14

室友是个健康的孩子，每天十点半熄灯七点半起床，雷打不动——跟我小学六年级的作息一样。我其实很佩服他这样自律的作息，每天也顺着他的意思十点半熄灯了，不过今个儿作业实在是没写完上不了床睡觉。

所以我搬着电脑跑楼梯间写了= =Norris宿舍三层，没有大厅，真是个令人绝望的设计，我也懒得爬楼梯下去写，毕竟搬着电脑和纸笔不太方便，所以就将就将就了。

说来我现在越做经济学作业越烦，但是写文科的东西却越写越兴奋，大约是被文科作业虐上瘾了吧……经济学作业暂且不论，今天其实是下午写Linguistic的东西花了大把大把的时间，中间还花了一个半小时去找了一趟教授……

还有两天就解放了，实在是黎明前的黑暗啊。

话说回来，去纽约的实习要我每天八点半到，那我怕是要每天六点四五十起床了……总觉得更糟糕了，一定有哪里不太对。

汪士慎　水仙

2018/3/15

【春与日】

或许是没有随堂考试的缘故，期中周就和其他平常的日子一般随意地过去了，或许作业稍多点，要记下的知识点也达到了半学期的巅峰，但确实没有以前初中高中期中考时那种紧张而充满仪式感的心情了。我把最后的take-home exam上交给教授，走出Noyce的大门突然觉得一阵轻松。周五剩下的两堂课没什么任务，就好似可以忽略不计。这也就是说，我的春假大约是从今天就开始了。

或许人只有在心情放松的情况下才会去思考些风花雪月的浪漫，走出教学楼的我顿觉天地都有了不同。草地还未变得青翠，可至少寒冬的白雪已经化了。一阵鸟鸣声婉转悦耳，但四顾见不到飞鸟的身影，大约是躲在了哪栋房子的后边。花草苏生在即，天气也在不知不觉间回到了零度以上。虽春天的光景尚看不真切，但隐约间已经能感受到她的鼻息。

大约就是近几天吧，晨起上课已经能见到耀眼的朝阳了。而在之前，学子们或许起得比朝阳还要更早些，一进教室自然见不到旭日东升。平原无高山，偏村无大厦，故太阳能将自己的光芒完完全全地投入我的眼瞳。就如去年秋天似的，树木的影子被拉得斜长，顺着墙角向上弯折。尚未长出新叶的大树遮不住刺目的太阳，而强光使树枝似有似无。朝阳在一整个冬天的慵懒之后，重新记起了先前约定的时辰，与我赴这阔别已久的约。

美国中部平原的春天似乎来得比别处更晚一些，至少比我的来处要晚上不少。她分明倚在门侧已露出了半片裙摆，可仍旧半抱琵琶，不肯见人。若能与春天攀谈片刻，我在格林内尔也便快走满一次四季轮回了。去年夏末我来到这片新大陆，已走过了秋与冬的萧瑟，正迎来春日的繁花。

待到春花烂漫，或许此地也与江南一般无二吧。

2018/3/16

【在挣扎中求索——从杭二“温馨提醒”看教育】

迷迷糊糊上完了春假前最后一天的课，翻了翻知乎和空间，发觉很多杭二的同学以及学弟学妹们都在对一篇“温馨提醒”表达强烈的不满。此温馨提醒见下图。

的确，刚看完这篇提醒我也是有些唏嘘，觉得今不如昔，但很快我就意识到了其中的无奈。

不管对于什么高中而言，这篇提醒上面的规定都是合理的，但对于杭二它就是会激起轩然大波，因为从某种意义上来说杭二算是特殊的。杭二的学子自由惯了，以至于看到这分明合理的规定竟会感到愤怒。但我也理解这份愤怒，因为这不但不合情，还相当于是在教育上开了倒车。

作为全杭州毫无争议排名第一的高中，杭二一直保持着“自由民主”的氛围，而这氛围也让学子们对她念念不忘。可杭二毕竟不是乌托邦，这份“自由民主”也是有前提

温馨提醒

1. 在校所有学生禁止叫外卖送入学校，一旦查实将接受相关处分。
2. 在校所有学生禁用手机，一旦查实将接受相关处分。
3. 严禁男女生交往过密，一旦查实将接受相关处分。
4. 寝室禁用娱乐电子产品和笔记本电脑，禁玩纸牌等游戏，一旦查实将接受相关处分。寝室允许玩军旗、围棋、象棋三大棋类。
5. 传达室不接收所有学生的快递，包括某老师转某学生的快递。
6. 快餐和饮料禁止带入教室，面包饼干和牛奶允许带入，必须放入个人柜子，不得摆放在桌面。
7. 教学楼和传达室禁止摆放行李，教室走廊雨伞天晴及时收走，教室内设置专门摆放雨伞区域。
8. 早晚自修不得迟到和早退，高一高二 7：20 开始在班内早自修，高三 7：10 开始在班内早自修，走读住校无区别，晚自修 18：00-21：00。
9. 各班体育委员认真执行室内操的管理，要求所有学生认真做操，禁止学生走出教室。
10. 按照寝室大门张贴的时间要求进出寝室，特殊情况要求班主任或总值班领导批准进入。
11. 周五放学时除批准留校的同学外，其他同学 17：30 前必须离校，周日住校生返校必须 17：30 前入校，如果迟到，必须在一卡通系统上向班主任请假，否则扣分处理。
12. 【晚自修】

（1）刷卡要求：学校在校期间（包括在班级晚自修的学生、在校参加学科竞赛课程或者艺术团、校体育队排练的学生）都需要在规定时间段（17:15-18:00,20:00-20:10）在相应班级刷卡考勤。若参加校外活动，必须班主任电子请假后，在保安室刷卡确认再外出或统一乘车。

若学生校园卡遗失，学生本人必须到值班室进行确认补签（17:45-18:00,20:10-20:20），不能代签。

（2）具体要求：不得做与学习无关的事，不得随意外出教室（包括打水、扔垃圾等），若有特殊情况（上厕所、身体不适等），必须在值日班长处登记，若身体不适，可在医务室休息，外出就诊，必须凭医务室假条到值班室请假。

（3）扣分项目：

①班级讲台上没有班干部值日管理的，给予每班一节课 0.5 扣分；

②晚自修期间教室内随意走动、讨论、交流，未经登记教室外走动，给予每人次 0.5 扣分；

③晚自修期间看杂志、小说或与学习无关的书籍，给予每人次 0.5 扣分；

④晚自修期间听 MP3、玩游戏、使用 kindle 或者手机的，没收电子产品，每人次扣 1 分，按违纪处理（具体参照《关于手机及寝室违纪问题的管理措施》）；

⑤晚自修期间整体纪律差，喧哗，每次扣 1 分；

⑥晚自修期间班级卫生状况非常糟糕，第一次做提醒，第二次检查则每次扣 1 分。

13. 【晨跑】

刷卡要求：所有在校住宿同学 6:20-6:45 参加晨跑，分别在小木屋和国旗台下两次刷卡签到，否则按每人次 0.5 分扣分。若身体不适，需在当天晨跑阶段，前往医务室确认登记，由督导学生干部进行处理；若有无法晨跑的慢性疾病或其他原因较长时间不能晨跑，请医务室出具相关证明，至学生处 3 周老师处做晨跑白名单，但早上必须按时起床，到教室自修。

杭州二中学生处

2018 年 3 月

的——首先是成绩，其次才是教师的热情。是成绩给了杭二追求所谓“自由民主”的底气，而学校也要用成绩去说服家长，甚至说服社会。可如今杭二的底气已经逐渐没有那么强了，因为高考改革实是动摇了“自由民主”的根基。

与其从这个温馨提醒看老师，倒不如从此看高考改革。

杭二是承载着极大的荣耀和与之相应的压力的，而在这种转折点，老师的压力自然也就更大了。若说改革是合理的，那不管如何，学生的实力都是老师最应该关注的，因为学生实力强学校成绩自然就好，而荣耀也可以维持。可这次高考改革使得学生最后的成绩与本身的实力出现了一定的不匹配，因为选考的博弈是有风险的，而这风险是由组织学生选考的学校来承担的。若学校的博弈无法做到十全十美，定会有受到影响的学生与其家长，这使得学生与家长对于学校的信任度下降。

而在这种情况下，学校能做到的，也只是再进一步提升本身已经很不错的学生的实力，从而用实力碾压新高考的不确定性。而自由与民主无疑是无法达到这种强行的提升的。

在高考改革后，学校与老师大概是没办法在“高枕无忧”的情况下进行以往的民主了。就如人们在吃饱喝足后才会去追求艺术，学校也只有在应试教育下做到顶尖，才有追求素质教育的资格。在中国教育的大环境下，一所学校想要追求一些理想化的东西，一定要有学生优秀的成绩作为基础，而新高考无疑动摇了杭二不知多少年才打下的这基础。

学校的老师也有理想，但理想基于现实。而一所学校也必定是需要有人来在学生面前唱黑脸的，否则学校的规章制度必定无法实施。我在为发布这篇“温馨提醒”的老师作辩护，因为我清楚地明白老师是永远不会站在学生的对立面的。

或许新高考毁了许多杭二老师的教育理想吧，它像是把云端的仙阙拽入了红尘，而想要继续追寻流云的自由，首先要重新飞上天空。我记得高中的语文老师和我讲，她很喜欢《论语》选修的内容，但在这一届她实在是没有机会去上。

或许前校长叶大也有急流勇退的想法吧，毕竟杭二在风口浪尖上，一不小心便是……

如今的教育便是在挣扎中求索了，大家都戴着枷锁比赛跳高，而若要追求姿势的优美，首先要成为跳得最高的那个。

杭二如此，建兰也如此，好在我求学的时候她们都还是最鼎盛的样子，使我有幸欣赏到了云端的美好。

2018/3/17

两件事，随便谈谈。

首先，严肃地谈谈教育。

《道德经》有言："失道而后德，失德而后仁，失仁而后义，失义而后礼。夫礼者，忠信之薄，而乱之首。"

我想，或许德育与严管的关系，跟道与礼的关系是一致的。

言尽于此。

其次，我李汉三终于走出农村走向城市了哈哈哈哈哈哈哈哈哈哈哈哈哈哈哈哈哈哈哈哈哈哈哈哈哈哈哈！说来这个学期转眼间又过去一半了，而娇媚动人的春假如今已经在我怀中了，真是令人感到振奋啊！

总觉得乘飞机的次数多了，便没有凡人头几次飞上天空的兴奋了。飞机也从一个梦幻般的存在逐渐变为了普普通通的交通工具——这其实是件很令人惋惜的事情。作为一个写文章的，并且偶尔自称诗人的人，生活是绝不能变得平淡无奇的。若是生活平淡无奇了，那我的笔大约就废了——这还不如把我给活生生沉进青海湖！

我尝试动笔描写这次的感觉，但最后发现实在没什么好写的，怎么也不如情动时写得出色。翻了翻去年出来时写的小文，顿时觉得有灵感和没灵感的我用的是俩不同的脑子。

旧文片段附于下：

“未久待，已扬帆。长风托举，扶摇九霄。驾流云而藐寰宇，乘铁翅而睥九州。观山川自行，赏云霞倒卷；若王子登阁，似仙翁纵鹤。高飞放目，浮云难蔽；目之不及，辅以遐思。山岳立于朝霞，疑星君之宫阙；溪流隐于密林，想仙子之素绸。汪洋瀚海难辨，江河银蟒不分。日夜之隙，朝霞与晚霞同赤；北极之上，雪原与云原共白。缥缈星汉之间，恍惚远游之中，未知今夕是何夕。”

感觉在我的学识得到长足的进步之前，大概是没什么机会就飞行这个题目描写出点更好的东西了。不过好在生活中总还有很多令我感到新鲜而好奇的存在，勉强让我还不至于江郎才尽呢。

最后，请问娇媚动人的春假到底被我怎么了？

2018/3/18

睡懒觉实在是人类最舒服的时刻，而进入春假的我似乎没几天可以睡……

因为我实习要求八点半到，也就是说我大概六点五十就得起来了 = =

人生寂寞如雪。

接下来大约是流水账：

今早跟着林叔叔一家去吃了日料自助，吃到肚子浑圆才依依不舍地离开桌子，走前还不忘把一块哈密瓜塞进嘴里。这种吃到肚胀的感觉在村里是很少有的，因为食物实在是没有诱惑力。在村里吃饭大多是为了生存，而美食属于生活。

下午跑了趟罗斯福故居，接着便让叔叔把我和东泽老哥丢在Flushing了。

明儿就要上班了，期待。

2018/3/19

第一天实习，早上闹铃闹晚了，狂奔一千五赶火车，上车顿觉眼前一片白，看来有点运动过于激烈。不过最后还是迟到了五分钟，因为在火车换地铁的地方迷路了……太惨了。

感觉第一天干啥都很有激情，贼兴奋，但下班以后就突然好累。回到家床上一瘫就睡过去了，现在才爬起来补上日记。

不多说，赶紧补觉，明早我可不打算跑着去火车站了。

2018/3/20

今天坐了和昨天同一班火车，最后到办公室还早到了七八分钟，可见昨天迟到的确冤枉。

匆匆把昨天做的调研收了个尾，顺带美化了一下文档，接着就是进行关于Buddhism in NYC的资料收集了。

纽约附近有名的寺庙主要有三个，分别是法拉盛的佛光山，华人街的大乘寺，还有城北的庄严寺。前两个看起来都没个寺庙的样子，估计是因为在城里没地儿建设，看起来都是一栋楼，庄严寺则是想象中寺庙的样子。

说来佛寺别称伽蓝，即Sangharama。其中sangha就是“佛法僧”三宝中的“僧伽”，而后缀意为居住的地方。所以说寺庙就是僧众居住的地儿，没有sangha便没有伽蓝。也不知道佛光山和大乘寺这样的地方有没有monastery存在，如果没有僧尼居住的话可能不能称为寺庙吧。

明天暴雪，不上班，可以睡懒觉真是美滋滋。周四周五计划去做实地考察，也可以酌情起晚一点。

生活质量即将有极大的提升啊！

王绂　墨竹图

2018/3/21

暴雪，不上班，睡到中午。

感觉这几天缺乏的睡眠都补回来了，下午也又眯了一会儿，现在半夜了还精神饱满……

感觉这才是假期的正确使用方式啊！

明天计划中午之前到Flushing，吃中饭并去佛光山看一圈，接着下午坐火车去唐人街的大乘寺，晚饭的话还是看情况再定吧。

长岛这边的雪和村里的相差不多，不过我觉得曼哈顿的雪大概会有不一样的感觉。不知道明天进城还可不可以看到残存的雪，毕竟大城市里人来车往，雪不太可能积得住。

2018/3/22

我觉得我大概是有佛缘的，寻找一座寺的路上，沿途皆是惊喜。

上午坐火车去曼哈顿，地铁转去唐人街，打算寻找纽约有名的大乘寺。下地铁进了唐人街有点饿打算吃点东西，在路边就偶遇了一家小小的庙。或许是因为纽约地价太贵吧，感觉大多的小寺庙都是在楼房的一楼有个大厅，便称作寺庙了。小庙中供奉几尊佛，一面墙的牌位，小且并不玲珑，有些寒酸。庙里的信徒告诉我说他们大约有四五十位成员，着实是令我吃惊。

吃完中餐继续走去大乘寺，导航有些迟钝，方向辨别不清。我和同学便如没头苍蝇般乱走乱撞，转过街角忽一回头，寺门竟就在眼前。大乘寺算是鼎鼎大名的寺庙了，可身在纽约城内，倒也不可能将庙宇铺张开去，依旧是一栋楼中的寺庙。大乘寺共两层，外看极大，内里其实很小，想来大楼的其他地方可能不属于他们吧。一层是供奉如来与一些信徒的灵位的地方，两侧墙上挂着阐述释迦牟尼佛生平的画，而二层则是如旅游景点般出售纪念品的商店了。听工作人员说寺里是有住着僧尼的，虽然不多，但也足以构成monastery了。看了寺里的介绍了解到，这大乘寺居然还有分寺，我找到的是下寺，除此之外还有上寺和美东分寺。就图片看起来，上寺似乎和我想象中的寺庙差不多，大概是在郊区吧。

寻访完大乘寺眼看着时间还有多，便和同学向着华尔街的方向走了走。路边看到了孔子像和孔子大厦，脑海中便又过了一遍关于Confucianism的事儿。果然Confucianism和佛教道教还是有点儿差别的，毕竟它没有任何僧侣的制度。正在街上闲荡，又看着远处出现了明黄色的招牌，便拉着同学进入了一座安静的小庙。这小庙唤作佛德寺，庙中有一老僧在读经。我们进门时老僧头也没抬，而左右墙上挂满了老僧和信众手抄的经文。小庙极静，我和同学瞬间便被那老僧的气场给震慑住了，丝毫不敢喧哗造次。恬静优雅，而我们向他询问时也耐心作答——大概这般的师父才是我心目中得道高僧的样子。

傍晚乘火车回家，路过星巴克推门进去，一入门便看到了三位僧尼与一位施主在交谈。可能这也算和佛有缘吧hhh突然有些想回杭州与永福寺的月真大师再谈谈，大概会很有价值吧。

2018/3/23

【天才还是凡人？】

“你愿做天才还是凡人？”阎王推了推眼镜，向匍匐在座下的年轻的灵魂询问。

“天才！”那灵魂不假思索地答道。

“第23198号宇宙牛顿的位置还空着，你便去那儿吧。”阎王从手旁的册子上撕下一张纸，丢给了那灵魂，“这是你的剧本，收好了。”

话音未落，那灵魂便被他一挥手投入了轮回。

“你愿做天才还是凡人？”阎王一边问下一个灵魂，一边从册子上又撕下了一页。

“天……”

“第19786号，爱因斯坦。这是你的剧本。”阎王打断了那灵魂的话，似乎有点不耐烦地又挥了挥手，把那灵魂投入了轮回。

这工作可真是一成不变啊，自己这许多年来就没怎么听到过不同的答案，阎王心想。

“你愿做天才还是凡人？”伴随着撕纸的声音，他问道。

“凡人吧。”

“第20391号……咦？”阎王抬起了头，似乎对自己听到的答案感到有些诧异。

“大人，我这次想当个凡人。”阎王座前那年老的灵魂说道。

“哦……”阎王并未说什么，正打算一挥手把那灵魂送入轮回，又听到那苍老的声音响起。

“大人，凡人有些什么剧本么？”

“凡人要什么剧本？”阎王随口答了一句，便挥手把他送走了。

……

“你愿做天才还是凡人？”

2018/3/24

今儿总体来说比较闲，盯着手机里看诗词的软件刷了好久，对着前人的珍宝赞叹不已。

说来我还是喜欢吴文英、王沂孙那种精巧的范儿，自己写也追求这种感觉，至于子瞻等人“大江东去”的豪放我还是学不来……不过吴文英那句“是何年、青天坠长星”其实也算有一丝豪放的味道吧。可能真正的大佬都是样样精通的吧，就像周邦彦老哥。

啊啊啊看着这些词真的是舒服啊。

古人想读全这么多估计要家世极佳吧，毕竟都收集全也是有难度的……感谢时代。

2018/3/25

【庄严寺记】

驱车至纽约市北庄严寺，布告称冬季闭山至四月初，幸除斋堂外其余皆开放。停车场至正殿有一直道，路前石狮一对，左右则十八罗汉对立。正殿两侧各一小楼，左鼓右钟，若双星拱月。殿内如来约四层楼高，居正中，左供燃灯，右奉药师。观音盘膝于如来像前，而弥勒坐卧功德箱上。佛山万众环如来而坐，莲台壁则绘佛经事。正殿种种，似西天净土，妙法庄严。

方暴雪，郊区积白半融，剩雪残檐头，霜封路牙。除履入殿，足底有踏冰之触。苦寒，然中西信众络绎。佛寺于异乡立，与故国形貌不同，唯神髓相似。殿内见洋文，时有违和之感。然四海佛徒，宇宙僧众，皆有向佛之心。道传天下，又有何异乎？

寺内闲游，逢一李姓老伯，从佛四十余载。询问佛寺事，言及慈善业，相谈甚欢。老伯通晓经义，常行善举，恍惚若人间佛。盖余生有佛缘，又寻佛迹，故与佛遇。

2018/3/26

还未上传日记便睡着了，半夜醒来才想起要补上。

这几日早晨上班的路线越来越熟稔了，与一开始找不着路完全两样，想来人的适应能力真是令人震惊的强。

乘火车转地铁，或小憩或听音乐，定个时间差不多的闹铃便可安心闭目，也算惬意。

2018/3/27

梅花引·巫山别后

余读宋玉神女、高唐二赋，喜其文辞壮美，唯憾襄王有爱美之心，却无相伴之缘。其见色起意，然情真意挚，只叹“我生迟而君生早”。余合楚二王之事，重演巫山之梦，虽非皆大欢喜，稍慰唏嘘之意。若损瑶姬清誉，实抱歉非常。

巫山一渡苦劳神，梦中人，画中身。
暮雨朝云、谁可辨孰真？
梦醒归国寻宋玉，赋神女，忆芳泽，盼可亲。

高唐高唐何处隐？南海滨，北海津？
觅也觅也觅不到，酒已三巡。
别后相思，未见雁来宾。
许是天仙多寡义？经百载，此凡胎，作土尘。

2018/3/28

明日便是实习的最后一天了，今天把要做的演讲又过了一遍，希望明天效果不错。

外教们暑期要去杭州待上三个月，我今儿理了一份旅游计划，并且配上图做成了PPT的形式，感觉打印出来就可以用了。

说来空的时候翻了翻各种名琴的名字，发现古琴的名字是真的各有风味，好听非常。譬如大圣遗音、九霄环佩、枯木龙吟、海月清辉、松石间意、飞瀑连珠等，听着名字都觉得极有气质。

古时的文人雅士大约是如林逋对待梅花般对琴的吧。

2018/3/29

八声甘州·纽约

望云青欲雨，正雄城、浓雾蔽摩天。
尚喧声百铺，夔鸣千路，万户无眠。
横纵长街大道，亿顷尽方圆。
广厦如棋子，密布盘间。

过处人行客往，有携游佳侣，革履豪贤。
问君来何处？世界此牵缘。
意登楼倚窗高坐，看英才、攘攘满街边。
争知我，下楼离室，亦是其员。

2018/3/30

一觉睡到下午两点，起来洗洗漱漱，和同学下了点饺子吃。说来下饺子这事儿我以前还真的不怎么会，最近才新学起来。随着年纪的增长生活能力也是会增加的呢，等到我二十五六岁了大概也能如我父母一般无所不能吧。

晚上林叔叔带我们去了趟保龄球馆，我也便尝试了人生的第一次打保龄球……听说国内有段时间也蛮流行的，但我从小到大就不知道哪儿有，大概是太孤陋寡闻了吧。第一次打10轮得了85分，第二回89分，我觉得我还是非常有天分的，可以说是天赋异禀了！但和林叔叔自称发挥不佳的136分比还是有极大的差距的hhhh不过回村以后就没那么多娱乐项目了，如今且玩且珍惜吧。

2018/3/31

中午离家去做了宗教学论文的实地考察，意外地觉得那些练功的人看起来还是慈眉善目的，就不知道究竟如何。我现在也算是戴着有色眼镜看人，很怀疑自己判断的公正性。到底是信息还太少……我觉得不管如何，至少底层的信徒都是良善的，只是被蛊惑或被曲解。

不管什么宗教的教义看起来都会是引人向善的，不然定不能吸引信徒，但顶层之人是否别有用心就是另一个问题了。

春假苦短，明天就要回村里，而后天便要上课了。在纽约虽好多天起得比村里还早，所幸过的也都还是“脑满肠肥”的日子。盘算着暑假也近了，真好啊。

2018/4/1

四月一号，愚人节，而我也结束了愉快的春假回到了Grinnell。

真希望开学也是个玩笑啊。

说实话心里对上课真的没什么抵触，还很开心地给Religious Study的教授发了邮件，说可以做一个额外的presentation展示春假实地考察的成果，也不知道课上能不能排出时间。

早上的早茶，中午机场吃的拉面，晚上到村里就没什么好吃的了，想来回村最大的困难就在于安慰我的胃了吧。

说什么回村的诱惑，都是骗人的。

说来愚人节最大的魅力不在于欺骗与愚弄，而在于真话假说，假话真说——半真半假最是迷人。

2018/4/2

春假回校，事务繁忙，不过上课本身其实还是很享受的。

好吧我不太喜欢明天的经济学课……当初就不该听顾问的去报这门让人完全打不起精神的课= =选课我觉着还是要基于兴趣的，至于以后养不养得活自己就是另一件事儿了。

啊，我觉得现在就想一夜暴富，然后买上一屋子书，回家填词写诗。

说来我觉得很多烦恼在年老之后都会变淡，不论是物质的还是精神的。就如年岁的差异，4岁与8岁天差地别，14岁与18岁相去甚远，可若到了40岁与44岁，84岁与88岁，似乎完全没有差异了。若是能活到百岁以上，可真是同辈皆知己了。到那时候，财富与仇恨似乎都淡化到了可有可无的地步了，剩下的大概只有对爱与美的欣赏了吧。

不过若我老了看不动书写不出词，我大概会相当地悲伤吧。

2018/4/3

早晨还是细雨，到了傍晚居然变成了细细的雪，好在并不如前几月般那么纷纷扬扬，不然我真的要怀疑G村的春天不会来了。

总觉得春假回来好些同学生了转学的念头……人还真的是耐不住寂寞呢，就算耐住寂寞了，也受不得繁华的刺激吧……唏嘘唏嘘。不过耐不住寂寞也有不同啊，有的人是因为要追逐放纵不羁的理想，有的人则是因为村里找不到称心如意的女朋友——这都什么人啊。

明儿上课要讲亚里士多德对于悲剧和史诗的评论……讲真，对于亚里士多德这人，我脑海中留下的只有某些笑话般的段子。比如亚里士多德说的话在考试里基本是错误选项之类的……不过其实客观来说他不愧为涉猎广博的伟大思想家。

不知道明天教授上课会怎么分析了。

2018/4/4

Humanity课上果然谈到了亚里士多德，但时间不太够未来得及深入。下午宗教学讲的是国家与藏传佛教的恩怨情仇。

晚上和Hitomi约了复习经济学……啊我到底为什么要选这个讨厌的玩意儿= =

说来下学期的课也可以选了，考虑Elementary Latin，Classical Chinese，和Traditions of Islam……还有一门课问问Advisor再选吧。其中Classical Chinese感觉可有可无，看看有没有更优选吧。

2018/4/5

早上考完ECN交完卷出来发现还有点时间，就去食堂吃了点点心，正打算去下节语言学的课，便收到了今天课程取消的邮件……

心情不错~

中午参加了Tutorial的reunion，觉得学校组织的这些小活动真是温暖人心啊。作为新生必修的课程，一学期后再见Tutorial的教授实在是令人感动。

出门时看到路边躺了只死去的松鼠，一旁还有一只乌鸦在啄食。本来长篇大论写了许多关于生死的句子，可回头一想，我也只有对其他人或物的死能这么坦然评论了，而一涉及亲人的生死，却瞬间如哑巴般发不出声，便把前边写的句子都删了个一干二净。

不知那松鼠有怎样的一生，希望它此去安宁吧。

2018/4/6

昨晚Nicky大约是两三点回来的，这真是我们的健康宝宝难得的晚归。今儿问他，他说是被生物课的paper逼的……今天他早八点的课还要七点多起床，是真的惨= =

周五放学后没事，就跟着同学跑去了Iowa City吃了顿麻辣烫。感觉纽约回来以后越来越压抑不住嘴巴与胃的寂寞了，我对于咱村最不满意的地方就是我们的食堂了……

听说镇上的中餐馆张嘉园爆发了一起服务员歧视中国人的事件，而服务员后面被老板骂了个狗血淋头。说来我实在是不理解在中餐馆歧视中国人的行为啊……这不是茅厕里提灯——找死么emmmmm不过能做出歧视行为的大都也是些脑子不太好使的人吧，做出那么愚蠢的行为也是理所当然。

2018/4/7

【遗忘的意义】

我这人有个非常不好的习惯——一旦得到拥有的东西，就想要死死抓住不放手。对于具象的物品如此，对于抽象的记忆也如此。可世间的东西，从来都不是不想失去便不会失去的。老掉了的亲友、摔碎了的盘子、遗失了的挂件都是如此，而逐渐淡忘的记忆也脱不出这个注定的悲剧。

幼儿园好友的名字我只记得三两个，那时分明对我很好的老师我也记不清样子。小学的同学我倒都还记得，可那时发生的许多似乎重要的事都也只剩了个淡淡的印象。初中高中我能记起的更多了，可说到底也不过是六年光阴中的沧海一粟。我觉得我的每一寸时光都重要的如天上的星辰，纵然一旦撒手就也如星辰般遥不可及。可我的记忆显然不那么觉得，它擅自筛选留下所谓的“重中之重”，却遗弃了我仍旧珍视的点点滴滴。这世间除了少许病态般的超忆者能记下经历的一切外，剩下的都是背负着零星的记忆挣扎前行的人。

依稀记得我曾听谁说过，这辈子里的许多人，其实我都已经见过最后一面了——不论是死是活。断了音讯的朋友，天人两隔的亲人，我现在依旧知晓他们对我是重要的，也能够想起几件令人不由微笑的往事，可更多的记忆早已不知何处去了，就连那几件往事也只是些模糊的轮廓。我记得小学一年级时曾和同学们在学校的花园里追跑打闹，可具体是哪几个同学我却记不得了，更别说他们那时的相貌。我记得当初刚对文学感兴趣时和爷爷在纸上写写画画，但到底写了些什么我却怎么都想不起，也想不起当时爷爷笑着说了些什么。记忆中留下的是一个个交错出现但五官模糊的笑脸，还有老宅中爷爷穿着布衣焚香拜佛的背影。

都说遗忘是人的自我保护，但这自我保护实在是让人失去太多了。若是能继续创造新的回忆，那过去的记忆倒也无足轻重，可终究不是所有人都能陪我一起走到底的。有时我感到畏惧，可遗忘就如时间，就如新的记忆，是无法逃避与改变的。我开始记下日记，并幻想多年后这日记能带给我的宽慰，虽然我明知这文字能记下的也不过是太仓稊米，与我那完全不可靠的记忆并无区别。

我清楚地知道我是需要遗忘的，毕竟这十九年来后悔的

事情做了不少，想起来羞愧的行为也有许多，若是清清楚楚地记在脑海中，或许日夜都要掩面太息了。可若不考虑能不能忍受的问题，这些大小的应被遗忘的事，我都还是愿意背负的——所有的一切既然都是曾亲手做的，那就该有承担的勇气。我想，这大概是我能觍着脸说出自己想抓住所有记忆的根源吧。

然而呀，或许遗忘的意义更多在于让人忘记曾经的美好，而非不堪回首的往事。既然往事不可追，那大约就只有将它们都忘了，人才能有追逐将来的心思吧。过去的美好的确是值得沉醉与留恋的，但每个人都有未来。

2018/4/8

故乡的梅花开了谢了，故乡的桃花开了梨花也开了，而G村还在下雪……不知为何联想到当年昭君远嫁塞北苦寒之地= =别问一个文科生为什么学校用围栏围起来的草地上一点雪也没积，我想大概是哪位大能张开了结界吧。

远在他乡的游子总念着家里的消息，前几日看天气预报惊讶地发现杭州最高温度已经奔着三十度去了。想来我若是现在回国的话，大约会穿着在零下四度御寒的大鹅在上海的机场被热成烤鹅。

整理了一下下周的任务，发现周三要完成的东西格外的多——两个presentation和一篇paper，而周二也有篇paper due。不过熬过前三天剩下的也就都是轻松的日子了，想到还有一个月多十几天就能回家了就很有动力呢。

2018/4/9

当我发现周四还有个Linguistic的problem set要交的时候我就告诉自己：李豪逸，再慢悠悠拖下去你会死的——于是我今儿效率特别高。下周一Humanity还有另一篇paper要交，说熬到双休日就轻松了也都是骗人的……难受。

Humanity在研究完了亚里士多德的《诗论》之后打算开始看《酒神的伴侣》了，我瞅了几页发现主角又是宙斯他儿子emmmmmmm果然希腊史就是宙斯的家史啊。风流倜傥，佩服佩服，倒是赫拉蛮可怜的。

连姐姐都不放过，禽兽啊！娶了姐姐还给姐姐戴了无数顶绿帽子，禽兽不如啊！

2018/4/10

【故宫赋】

山河四望，古今千载，自盘古开天，豪杰辈出。凡是春秋，有逐鹿群雄；每逢冬夏，见封禅大岳。星移斗转，王朝更迭。夫帝皇得天下，必扬威名；君主定新都，即兴土木。故万里江山，星罗宫阙。

风吹窗朽，雨打檐薄。日晒朱漆黯，雪压黄瓦裂。高梁生蠹，户枢落屑。白驹扬蹄，逞自由于光阴；碧玺易主，显合分于寰宇。咸阳阿房，楚人一炬焦土；长乐未央，吉言难成谶语。春秋过，广厦兀；战火兴，残垣苦。古长桥复道，龙陨虹消；歌台舞殿，弦断音绝。名娃金屋，今谁仍在？天骄雄主，泉下枯骨。

明成祖之余威，至今仍在，应天移都，北平定阙；电绕璇枢，虹跃华阁。永乐初迁，凿岳积石；正统复建，垦山伐木。自此雷击火焚，未撼其基；王朝兴替，不改其质。闯王之炬，安及项王之炬？清人入关，亦慕紫禁之筑。是以明清两朝廿四帝，频修繁葺；故宫存世六百载，朱颜未失。

廊腰缦回，檐牙高啄，似秦之阿房也；铜茎承宇，画阁参云，若汉之建章也。金屋银殿，珍宝之所藏；天香国色，君王之极乐。官窑之名瓷，掷地而听响；倾城之绝丽，怨守于深宅。翡翠屏雕道玄画，蚕丝扇题元亮菊。携手嫔妃，赏四海于宫内；独坐金銮，统英才于九域。彼盛世光景，较之秦皇汉武何如耶？

然轮回旧事，古今一同；跫音渐悄，尘泥销骨。帝王将相，亦是凡身；朱颜辞镜，虚楼对月。空空金銮殿，不见旧主；碌碌紫禁城，浑是新客。人间世事如蜉蝣，唯羡护城河中水，代代无穷绝。

呜呼！清末之积弱，引八国之觊觎，使帝皇之珍宝，失散而无迹。相邻之圆明，步阿房之后尘；百代之收集，受蛮夷之勒索。幸逸仙登高，终成民国；故宫奇异，免遭劫掠。待润之驱介石于宝岛，则紫禁遗物，两岸相隔。虽百年风雨，紫禁之城仍在；纵天涯失散，故宫之宝犹足。雷火烈烈，雄城未倒；弹雨纷纷，古董无缺。入六百载之宫阙，观五千年之瑰丽，则物我两忘，一眼千年，经春秋而知岁月。

幸我中华之心，亦如紫禁之城，风霜难毁，流年不灭。溅血火焚，则刨木以重修；折戟雷击，则垒石而复筑。故宫六百载，数历兴亡；华夏五千年，几经起落。此朱墙黄瓦，若炎黄血脉，百折不摧，千秋雕琢。

2018/4/11

魔鬼般的一天……早上Humanity presentation，下午Religious Study presentation，完了五点还有个paper due……本来稍微有点感冒还想下午睡一觉的，最后还是被逼得硬撑着赶完了任务。

真是要命啊= =

说来好多人和我说前面的赋想要注释emmmmm要不我明儿整理下好了。用典的话的确蛮多的，不过作为赋来说说不定还是太少了来着。

2018/4/12

《故宫赋》附注

山河四望，古今千载，自盘古开天，豪杰辈出。凡是春秋，有逐鹿群雄[(1)]；每逢冬夏，见封禅大岳[(2)]。星移斗转，王朝更迭。夫帝皇得天下，必扬威名；君主定新都，即兴土木。故万里江山，星罗宫阙。

风吹窗朽，雨打檐薄。日晒朱漆黯，雪压黄瓦裂。高梁生蠹，户枢落屑[(3)]。白驹扬蹄，逞自由于光阴；碧玺易主，显合分于寰宇[(4)]。咸阳阿房，楚人一炬焦土；长乐未央，吉言浑成谶语[(5)]。春秋过，广厦兀；战火兴，残垣苦。古长桥复道，龙陨虹消；歌台舞殿，弦断音绝[(6)]。名娃金屋[(7)]，今谁仍在？天骄雄主，泉下枯骨。

明成祖之余威，至今仍在，应天移都，北平定阙[(8)]；电绕璇枢[(9)]，虹跃华阁。永乐初迁，凿岳积石；正统复建，垦山伐木[(10)]。自此雷击火焚，未撼其基[(11)]；王朝兴替，不改其质。

闯王之炬，安及项王之炬[12]？清人入关，亦慕紫禁之筑。是以明清两朝廿四帝，频修繁葺；故宫存世六百载，朱颜未失。

廊腰缦回，檐牙高啄，似秦之阿房也[13]；铜茎承宇，画阁参云，若汉之建章也[14]。金屋银殿，珍宝之所藏；天香国色，君王之极乐。官窑之名瓷，掷地而听响；倾城之绝丽，怨守于深宅。翡翠屏雕道玄画，蚕丝扇题元亮菊[15]。携手嫔妃，赏四海于宫内；独坐金銮，统英才于九域。彼盛世光景，较之秦皇汉武何如耶？

然轮回旧事，古今一同；跫音渐悄，尘泥销骨[16]。帝王将相，亦是凡身；朱颜辞镜[17]，虚楼对月。空空金銮殿，不见旧主；碌碌紫禁城，浑是新客。[18]人间世事如蜉蝣，唯羡护城河中水，代代无穷绝。

呜呼！清末之积弱，引八国之觊觎，使帝皇之珍宝，失散而无迹。相邻之圆明，步阿房之后尘；百代之收集，受蛮夷之勒索。幸逸仙[19]登高，终成民国；故宫奇异，免遭劫掠。待润之驱介石于宝岛[20]，则紫禁遗物，两岸相隔。虽百年风雨，紫禁之城仍在；纵天涯失散，故宫之宝犹足。雷火烈烈，雄城未倒；弹雨纷纷，古董无缺。入六百载之宫阙，观五千年之瑰丽，则物我两忘，一眼千年，经春秋而知岁月。

幸我中华之心，亦如紫禁之城，风霜难毁，流年不灭。

溅血火焚，则刨木以重修；折戟雷击，则垒石而复筑。故宫六百载，数历兴亡；华夏五千年，几经起落。此朱墙黄瓦，若炎黄血脉，百折不摧，千秋雕琢。

注：

（1）因对赋这一文体无深入研究，未押马蹄韵，平仄亦不严格，仅作为娱乐消遣。即群雄逐鹿，形容各派势力争夺最高统治地位，此处指争夺天下的各路豪杰。出自西汉司马迁《史记·淮阴侯列传》："秦失其鹿，天下共逐之。"

（2）封禅大岳：封禅是古已有之的礼仪，象征封建皇权。按照《史记·封禅书》张守节《正义》解释："此泰山上筑土为坛以祭天，报天之功，故曰封。此泰山下小山上除地，报地之功，故曰禅。"

（3）风吹、日晒、高梁三句：形容时光流转，宫殿陈朽。蠹，音度，指蛀蚀器物的虫子。

（4）白驹句指时光飞逝，白驹过隙。碧玺句指天下分分合合，"碧玺"指传国玉玺，象征皇权。

（5）杜牧《阿房宫赋》："楚人一炬，可怜焦土。"阿房宫，秦朝宫殿，被来自楚地的项羽焚毁。长乐宫、未央宫为西汉宫阙。谶语，不好的预言。

（6）杜牧《阿房宫赋》："长桥卧波，未云何龙？复道行空，不霁何虹？高低冥迷，不知西东。歌台暖响，春光融融；舞殿冷袖，风雨凄凄。"此处"龙陨虹消"指长桥复道因年代久远而衰颓。"歌台舞殿"亦意指《阿房宫赋》。

（7）吴文英《八声甘州·灵岩陪庾幕诸公游》词："幻苍崖云树，名娃金屋，残霸宫城。”此处“名娃金屋”泛指嫔妃宫阙，并非原词中所用的西施与汉武帝金屋藏娇之典故。

（8）明成祖朱棣，将首都从应天府（现南京）迁往北平，并着手修建故宫。

（9）陈亮《点绛唇·圣节》词：“电绕璇枢，此时昌运生真主。庆联簪组，喜气生绵宇。”此处指瑞兆。

（10）永乐，明成祖朱棣年号；正统，明英宗朱祁镇年号。

（11）故宫建成三月即遭雷击，于正统年间重建，后数经大火，皆重修复筑。

（12）闯王，李自成。明末李自成起义打进北京，并在故宫纵火。项王，指项羽，曾焚阿房宫。

（13）“廊腰缦回，檐牙高啄”出自杜牧《阿房宫赋》。

（14）建章宫，汉朝宫殿。“铜茎承宇”指汉武帝修建于建章宫的承露盘铜柱。汉武帝在建章宫西边作承露盘，高二十丈，上有仙人掌，用于承接露水，和玉屑饮用，以求成仙。卢照邻《长安古意》诗：“汉帝金茎云外直。”

（15）画圣吴道子，又名道玄；陶渊明字元亮。

（16）跫音渐悄，尘泥销骨：指宫人老死，人去楼空。跫，音穷，跫音即脚步声。尘泥销骨，白居易《梦微之》诗：“君埋泉下泥销骨，我寄人间雪满头。”本意为友人已死，自己独活于世，此处仅取死亡之意。

（17）朱颜辞镜，王国维《蝶恋花》词：“最是人间留不住，朱颜辞镜花辞树。”指美人老去。

（18）“旧主”指前朝宫中人，“新客”指现在故宫游客。

（19）孙中山，字逸仙。

（20）毛泽东字润之，蒋中正字介石。国民党离开大陆去台湾时带走大量故宫藏品。

2018/4/13

一天排得满满当当的，下午问了问教授发现我下周也是满满当当的，可能这就是绝望的意思吧。

阴天，沉云密布，似乎暗示了我悲惨的命运——感受绝望吧少年= =

所幸周末还有点休息的时间，尽量恢复好吧。

五点多有个Greek 300级的同学们表演的希腊语话剧《美迪亚》，教授说去看给加分，果然一点没有听懂呢。

2018/4/14

下周事多，于是今天便开始写一篇题为Why Agamemnon, Oedipus, and Pentheus fall的paper。Fall我也找不着一个合适的词来翻译，大概意思是这三位主人公本处于比普通人更高的地位，却最终得到了不如凡人的下场，大约是从高位堕落的意思吧。

其实Agamemnon、Oedipus和Pentheus的行为都是可以被理解的，他们所有的行动都有其原因，主观上是正确或唯一的选择。可归根结底，本质上来说他们都做了客观的evil的事(“邪恶”用在这里似乎不妥当，但上课分析用的是evil)。而不论是财富还是别的什么都不会带来悲剧，唯有罪恶带来罪恶(only evil begins evil)。

此外，其实希腊奥林匹斯众神才是凡人悲剧的根由。Agamemnon杀了女儿是为了让大海风平浪静，Oedipus杀父娶母的命运也是早就被神灵注定好的，至于Pentheus更是与酒神起了直接的冲突……他挡在了Dionysus毁灭传统秩序的路上。大约神灵的一时兴起便会造成伟大者的一生悲剧吧，这或许就是古希腊的命运观。

亚里士多德说所有的悲剧角色都是better than us的，而也只有看到身处高处的人坠入地狱，才会让平素绝情的观众感到惋惜吧。

王彀祥　翠竹黄花图

2018/4/15

水调歌头·忆柳

遥忆故乡柳，湖岸似垂緌。
水山眉眼盈处，西子睫如丝。
曾泛扁舟独赏，每每魂牵梦萦，月出忘辞归。
谁料薄情客，常看厌容姿。

别故国，分素手，始相思。
绮窗梅柳消息，村落怎能知？
尽日徘徊辗转，总自低吟浅唱，终悔未惜时。
频聚难生喜，久别不成悲。

注：

（1）緌：音蕤，似缨饰的下垂物。虞世南《蝉》："垂緌饮清露，流响出疏桐。"

（2）水山句，王观《卜算子》："水是眼波横，山是眉峰聚。欲问行人去那边？眉眼盈盈处。"

（3）绮窗句，王维《杂诗三首》其二："来日绮窗前，寒梅著花未？"

（4）久别句，姜夔《鹧鸪天》："春未绿，鬓先丝。人间别久不成悲。"

2018/4/16

上午上完Humanity的课就跑回寝室开始写明天due的Religious Study的paper。下午宗教学上完去弄税表(天知道我完全没有打工哪来的税表)，接着就是3:15去Writing Lab改今天5:00要交的关于Downfall的paper。

早上想问教授要个30分钟的延期，因为3:15找Writing Lab实在是时间很赶，但教授说延期的话就要付出1/3 Grade的代价……延期个毛线，赶就赶吧，拼了老命赶。

晚上则是写Linguistic的作业写到心态爆炸，在密密麻麻的小字里找答案也就算了，网站上写题目刚写完被弹出来了，重新点进去啥都没给我剩下……

作业越多越容易出现幺蛾子= =

代表申请三人间的同学忘了回confirm的邮件，也不知道明年的三人间会不会凉了……

我可能最近时运不济吧orz

2018/4/17

今日写五篇，明日写十篇，然后得一夕安寝。起视邮箱，则任务又至矣。然则学习之力有限，论文之数无尽，交之弥繁，得之愈急。故不写而强弱胜负已判也。——《作业论》

下午五点前上交了Religious Study的paper，晚上终于算是悠闲点了。但还是觉得心力交瘁，毕竟周四有revision的due和problem set的due……

头疼，想睡。

感觉一累就没什么心情写文章，日记里边也不该抱怨太多……

等到空闲些了再好好继续我的文学道路吧！

2018/4/18

【想杭州】

雪霁云低，望去似群山起伏，实是许久未见之景。

自离家去国，莫说山色有无，便连水光潋滟都未见过几回。美国偏郊无山无水，也无高过四层的房子。平原的林木稀疏，朝阳每日都直愣愣地从地平线上窜起，不似杭州的初阳般要在山与树组成的屏风后梳洗许久。

驱车出村，四望是无际的玉米田，道路稍有起伏，可别说山了，便连丘陵都算不上。将座椅稍稍调高点，直起背脊，周遭的玉米地便又尽入眼底了。被困在玉米地的中央，步行、骑乘、奔驰，走上数十里开外，四望依旧是无际的玉米田。

杭州是多山而多水的，在山水间的风也染上了荷风桂韵，从来是温柔而不张扬的。江南的轻风不似平原的风，就连掀开美人面纱的力气都缺上几分。偶尔在雨骤的日子向行人展示她的愠怒，可纵是如此也只有少女置气般的娇俏。这偶尔的大风总是一阵一阵地，仿佛每每用尽气力后不得不稍作喘息，不如平原与汪洋上的飓风般永无止息。

异国的松与桦确实是美的，在狂风中屹立的模样也教人惊艳，可比起故乡的柳来总少些柔情。在江南微风的吹拂下飘摇，世间应无其他树木能比柳条更似女子的青丝，也再无其他能及得上柳丝舞姿的存在。在水光潋滟的湖畔，沿岸的柳条飘动如烟，背景是缀着残阳的青山。此般胜景，我自离家后再未见过。

在万里外的江南，那风与柳自是鸳鸯，山与水本是佳侣，而城与湖更是绝配。似乎一切都恰到好处，不需天公应和，在不同的天气都有绝妙的姿容。

真想杭州啊。

2018/4/19

经济学课，语言学课，上完吃个中饭写paper，接着是CLS的appointment，完了又去听Humanity department的一个关于喜剧的讲座……

听着听着睡着了，真是尴尬。

这几天真的是累到头昏脑涨= =教授总算同意我把revision延期到周六了，算是件好事，不过周末也没得休息了。

2018/4/20

辛辛苦苦准备完presentation，上课时间不够推迟到下周一了，真不知道该高兴还是难过……

终于熬过了一周，而下周任务看起来也还是相当的重。不过每次发觉任务繁重的时候，都意味着假期的到来。算是黎明前的黑暗？

回国的日子订下了，回国的机票也买好了，而剩下的就是把回国前的满打满算的一个月给撑过去。所幸除了学习之外，我生活里到底还是有些别的东西的，我如今也体会到这些“他物”的重要性——让人好好生活不要发疯。

昨儿找CLS的时候让我从50几张写满了各种value的卡片中挑出10张最重要的，然后再从中留下5张重中之重。我最后留下的是Knowledge，Creativity，Family，Beauty，and Romance。其中Beauty指的可不只是美人，而是包含美人在内的世间的美……大概我是以一个诗人的自觉选出的这五点吧。

2018/4/21

临江仙·春

何处雀啼惊倦眼？
寻时鸿迹冥冥。
平芜放目翠华凝。
冬霜方解白，
春草即成青。

闻道江南春近暮，
芙蕖立水盈盈。
词人未老已多情。
离家千万里，
依旧晓阴晴。

2018/4/22

把周一要交的作业统统写完了，突然觉得百无聊赖。国内的同学也睡了，平常能讲讲话的也各有各的忙，顿觉寂寞凄清又惆怅。

小说翻了两页不想看，动漫看了个开头就关了，打个游戏也无精打采的，可就是不想提前写作业来着……这或许就是我的劣根性了hhhh

有时候发觉周末还不如平常来得舒坦。

2018/4/23

早晨出门满目皆绿，虽然大多树枝还是光秃的，可至少草坪一片青翠。

顺着走廊走去JRC上课，路遇一对追逐打闹的松鼠，看情形估计是在做一些春天独有的运动。G村没有西湖的鸳鸯，但松鼠也都成双成对，真是羡煞旁人。

上完课回来的路上，似乎随处可以看到小情侣嬉笑打闹。沐浴在和煦的春光中，就连G村苦读书的学生们也有春天的味道呢。先前冬天估计是室外太冷，有些什么愉快的事情都在室内完成了，如今终于在春风的支持下把领域拓展到了室外，真是令人唏嘘不已。

长椅边开了两三树黄色的花，大约是蜡梅吧。听说纽约的花都开了谢了，杭州的更不用说，可我们这儿的春天才刚刚到来。

这生机勃勃的景象或许还能看上一个月吧。

2018/4/24

惊讶地发现忙着忙着就习惯了……真是令人绝望。

说来今儿最开心的事儿就是收到满满一箱零食了，在食堂屡次突破下限的Grinnell，可能零食是最后的宽慰吧。感谢上苍赐我以美食……讲真我觉得食堂吃起来可能未必比零食健康多少啊= =

周五要交一篇final的draft，有点头疼。

说来G村的小姐姐们也都脱下冬装换上了春装，不过咱村里好看的还真不多……去年课上有个超漂亮的小姐姐今年回来一看剃了光头emmmmm真叫人扼腕叹息。

2018/4/25

今天上宗教学的课，看到我们教授剃度过了的智慧的脑袋，不由得又想起来昨天提到过的那个剃了光头的美国小姐姐……依稀记得上次见到是在大一第一学期的宗教学课上……

她不会是出家了吧？？？

抬起手摸了摸自己的头发，心中不由感到一阵慌张，要是哪天我也看破红尘了怎么办……

不过总觉得再这么学习下去，不等看破红尘我也要秃了。看着渐高的发际线，总觉得心里惶惶不安。

诚求护发偏方，在线等，急。

2018/4/26

写paper写到现在……感觉用英语写文章，一旦长了脑子里都是浆糊。

乱七八糟的，还好明天交的只是draft……

来不及找writing lab的感觉真是不太愉快。

没错我今天就是来不及写日记了……

2018/4/27

临江仙·窃月

沉璧谁人偷玉镜？广寒遗落凡间。
竹峰疏影罥轻烟。
晨风开雾锁，归赵九重天。

夜月离时花溅泪，芳丛清露堪怜。
波心恨别亦生涟。
幽泉虽久在，无计访三山。

2018/4/28

一到周六就不想做作业，大约是一周忙完总想休息一天，但周日就要赶死赶活地写作业了……

上次从纽约回来带了几包浓汤的调料，交给会做饭的同学炖汤。在异国他乡喝着鸡汤真是人生的享受，我的生活如果能这样养生下去其实就不错了吧。

2018/4/29

果然赶作业赶了整整一天，真是头疼。一天宅在宿舍里啃啃泡面和方便火锅，感觉生活质量居然比去食堂要高了……可见食堂有多令人头大了。以前在建兰和杭二居然还嫌弃食堂的饭菜，大约是因为老爹烧的饭太合胃口了。不过不要紧，毕竟再三个星期左右就好回家吃饭了。

近来又有几个朋友跟我说他们分手了，而回想起前段时间老掉的各个领域的名家大师，就觉得这个春天不太太平。或许戊戌年真的是凶年吧，从各个角度上来看都是如此。

2018/4/30

早上Humanity上完教授跟我说这节课我participation分可以打到A+，瞬间雀跃得像个小学生——分明都已经快二十了。Cummins打分我觉得还是算严的，能拿个高分真不容易，况且她上课参与分是按照对课堂的贡献打的……也就是说一个劲儿瞎比比还不如保持沉默，真是不容易。

或许心情好时看到的一切都会是充满喜悦的样子。枯败了整整一个冬天的树木总算抽了芽，绿意还未舒展，一簇一簇地缀在枝头上，不似夏日的浓荫。Steiner Hall对面的那座如童话里走出的小屋边，一树白花在平原的风中摇动，看那偶然间花瓣飘落的样子，大抵是樱花吧。道边的野花也开了，前几日还未见着，如今已是星星点点到处皆是了。

Grinnell的初春，说不上姹紫嫣红，但也能算是生机勃勃。数月前惊蛰的雷，延迟到今天方才完成了唤醒万灵的

任务。经过草丛时听见窸窸窣窣的声响，大约是虫豸发出的声响。

不知这学期剩下的二十天够不够我见证G村的春天走到巅峰，但我知道夏天我定是见不到的。放假回国三月余，再见即是初秋——又是落叶飘零的季节。

说来与故乡重逢的日子也已可以屈指细数了，双手双脚算上，正好二十日不多不少。记得听谁说过，留学一去，故乡只剩冬夏，再无春秋。不过冬夏的美也足够令人魂牵梦萦了。

2018/5/1

临江仙

春上高枝游兴炽，惜无红袖相牵。
折花心事忽阑珊。
满园花尽卜，一别亦经年。

每至良辰寻醴酒，醉来何羡诗仙。
徘徊对影月中天。
广寒如玉镜，遥映美人颜。

临江仙

月下花前空许，横眉如讽良宵。
君心若海渡无桥。
我心需似岳，切莫枉生潮。

红袂青骢应弃，姻缘盟誓勾销。
须知山水本迢迢。
乘风休驻马，孤意自逍遥。

2018/5/2

为人民服务的斋藤老板这次开车去Iowa City拉了一箱麻辣小龙虾回来，算是造福了全村的中国孩子了。啃着小龙虾复习经济学的感觉真是前所未有啊，复习效果不错，小龙虾吃着也香，我的人生大约只要这样吃着东西混日子就非常满足了，当然如果还有个姑娘就再好不过了。

王荤　墨竹图

前半学期作业实话说不算多，天天室友熄灯了就跟着躺床上了。最近作业一多觉得十点半睡觉真的不是个事儿，时

常搬着电脑跑到楼梯间、打印室以及厨房好好学习，自己都觉得自己太惨了。下学期跟同学申请了三人间，不过每个人都有一个小间，大约会舒服很多吧！

说来前几天洗澡把沐浴液跟洗发露落浴室了，今天找了半天没找到，大约是被保洁大叔给清理走了……翻了翻发现还剩下块备用的肥皂和沐浴液+啫喱水套装，就是没有洗头的……瞬间感觉人生一片灰暗。上网搜了搜肥皂能不能洗头，一串答案都是会脱发= =我还年轻我还不想秃！不过面临发量问题的貌似不止我啊，我们亲爱的叶同学据说是秃了也变强了，不知道能不能成为他们老叶家世代脱发第一人——算是站在了历史的伟大转折点呢。

2018/5/3

明天Humanity的阅读材料是柏拉图的《会饮》，各个哲学家都对爱神（爱）进行了赞美。觉得许多语句极美，可惜古希腊宣扬的是男男之间的同性恋，不太适合我。

说来我个人对同性恋是没什么抵触的，毕竟都是爱情，与性别应该没什么关系。不过前段时间听说微博禁了本子和同人，倒是觉得大快人心。同性恋固然无错，但刻意宣扬并炒作该小众群体的所谓“腐”文化，大概是真正的糟粕吧，而其所面向的群体，跟邪教的狂热信徒也没什么两样——我便这么说了，也不怕得罪人。许多人读的书多了，反驳起人来也是一套一套引经据典的，但到底是歪门邪道登不得台面，就好像田园女权讲道理一般荒谬。

依稀记得看到条评论是这样的：“社会主义并不反对同性恋，社会主义反对的是劣质cao屁股文学和腐癌XX。”深以为然。说来曹雪芹《红楼梦》里的确有一句“我们cao屁

王冕　墨梅图

股不cao屁股与你有甚么相干，横竖没回家××××（内容少儿不宜故省略）”。但别忘了这是出自哪个流氓之口。当然，拿来反对对同性恋的禁止我是赞同的，但这不是某些糟粕文化横行的借口。

2018/5/4

接近期末，所有课程都开始了收尾的工作。正式上课的日子也只有下周一周了，下下周便是期末周。这学期的课程因为文科居多，正式的考试也就经济学一门。宗教学的final paper下周一due，语言学的是take-home exam，而Humanity的考试是optional的。感觉期末周我反而会空闲些，但下周一、二会是作业量极大的。

去年的这个时候我大约是在家里吹着空调打游戏吧，以一个拿到了offer的留学生的身份笑呵呵地看着同学们面对高考——现在转眼一年就过去了。时日如梭，如今期末的光景我大约也只能在G村看上八次，若中间再申请交换生的话那就更少了。说来自然的光景易变，可终究不如去年的人更易变呢。

2018/5/5

春光明媚，草坪上四散坐着享受阳光的同学们，而我们一众朋友也拿着一盘一盘的串串儿在烧烤架旁忙活了起来。

我们把煤炭倒上烤架才发现没买固体酒精，便尝试用纸和干草助燃，惜败。最后是学化学的同学去实验室取（读书人的事怎么能叫偷呢）了些酒精才将炭引燃的。本说是下午两点开吃的，但捣鼓了整整一个半小时才把火点着，众人也只得饥肠辘辘地瞅着一串串生肉叹息。在场11人，除去个公派的同学不算，学费加起来一年六十万美金，所学领域囊括数理化生文史哲，最后连个煤炭都差点点不着，真是令人唏嘘不已。

所幸忙活许久最终还是吃上了烤串，味道比起国内路边摊丝毫不差，可以说是非常让人振奋了。自己动手穿肉生火烧烤，大约才是生活的乐趣吧。

2018/5/6

掰着手指数了数，发现下周三、四、五还算空闲，大概是时候补一补拖的稿子了……邻近期末，却惊喜地发现事情反而没有之前多了，真是百感交集。昨儿刚发出公众号，查了下邮箱发现Humanity的Cummins教授终于舍得给我A了，真是仰天长啸壮怀激烈，觉得自己还是蛮努力的了。

明天课上有个Recorder's report，下午还约了Writing Lab改宗教学的final paper，晚上还得准备周二的presentation……感觉又会是魔鬼般的一天呢。

2018/5/7

搞定了Humanity最后一个presentation，上交了Religious Study的final paper，做完了Linguistic的handout，顿时觉得万事大吉一切轻松，可以好好享受悠闲的学期末了。选文科虽然平常论文多，不过期末周基本都没啥事情，看着别的同学辛苦准备期末考还真是令人愉悦。突然有种当年同学们中考高考我搬着小板凳在外边啃冰淇淋的感受，实在是怀念啊。

G村的花种类繁多，虽许多花花期甚短，但一树谢了总有另一树盛开。前几日见到的开得张扬的白花，如今只剩绿叶葱郁，可数米外的枝头上又有粉色的花在绽放了。说来惭愧，去年感叹我见到花只知色彩不知姓名，到今年依旧如此，所幸看到的风景并不会有太大不同。若是能直接向花妃问名便好了，她们定会给自己取上些飘逸出尘的名字。

2018/5/8

先前在杭州的时候大约因为出行皆是车来车往，从来都没有仔细地观察过一棵树从新芽变为浓荫的过程，故常在恍惚间觉着是在一夜之间满城皆绿的。如今在村里每日步行，经过的大都是同样的路径，而道旁的树也都是熟识的几株，所以它们一日日葱郁起来的变化，我都能看在眼里。大约就在上周吧，树枝上的翠芽才新生，而今日看到时那翠色已经浓郁了不少，几乎没有任何青涩的感觉。每日经过时都能见着那叶子大上一圈，直到达到了夏日的标准为止。

G村的春天应是能在我走之前达到巅峰的吧，毕竟浓荫渐成，繁花也次第开了。G村的花季是在五月之后了，颇有种“人间五月芳菲尽，村落繁花始盛开”的感受。但我与古时的诗人不同，他是从人间走进山里的，看尽了人间的芳菲，又额外享受了山寺的桃花。可我既在村中久住，人间的花季我是分毫都未见着的，哪怕五月还能看见繁花，却也是丝毫都没有赚到的。或许常住山寺中的人也对桃花不会有多大的感叹吧，毕竟对于山中人而言，五月的桃花也不过是寻常。

2018/5/9

半夜醒来发现日记忘发了，惊出一身冷汗，赶紧爬起床搬着电脑跑出来发——我保持两个学期没断更的记录可不能就此终结……

学校里的花尽数开了，从Steiner的教室向外看，满窗皆是樱花。晴照时是鲜嫩的粉色，而若是云层蔽日，那本是

粉色的花瓣便呈现出淡紫的色彩。上课时教授的课件在前头，而繁花在后边，而我实在是无心向前看了。

我许多次提到平原的风了，而这风从来是不解风情的形象，但到了春日却别是一番光景。疏散的花枝在风中摇动，而有着芳香的花瓣时而乘风落下，在空中还能打上几个旋儿。满地花叶堆积，似为青草盖上了一层薄被，而看书的同学便靠在树底下了，坐在零星的花瓣与郁郁的青草上。

下课时我站在窗边拍照，教授跟我说她也很喜欢G村的春天。可春天实在短暂啊，平原的气候就如许多人的人生般大多是寒冬。愈是少见便愈是珍贵，或许这也是人们惜春怜春的缘由吧。

郑燮　竹

2018/5/10

上完了这学期最后的Linguistic和Economic的课，拿着Linguistic的take-home exam回到宿舍，而这学期就这么即将结束了。明儿的Humanity与Religious Study将是这学期最后的课程，而下周便都是考试了——虽然我只有一个正式的final exam。

胜利在望，下午拿了本小本本把回国想吃的东西都记了一遍，还着实不少，就等着回去挥霍无度了。

2018/5/11

上完了最后一天的课，最后一节宗教课还中午补觉睡过了一半emmmm不管怎么说还是完成了一学期的课程了。因为都是文科课的缘故，final week反而是我最轻松的一周了，于是越到期末我越浪，日子过得滋润到不行。

欣赏欣赏G村的春光，期待期待杭州的盛夏，这日子真是美好至极了。

2018/5/12

昨晚点了发送没发出去，大约是网络波动了一下我还退出太快了。大约是前几天网约车的事情令大家都心中忧虑，我这一日不断的日记稍晚些发便令人担忧了。

王渊　竹石集禽

日记如下：

收到了Humanity下半学期的participation成绩，A-91%，比起前半学期的88%算是有所进步，教授也在邮件里提到说不推荐参加optional的final exam，因为很难再提高分数了。不过我本来也不太打算参加这个optional的final exam，因为是要当堂写essay，而

我的语言功底大约是没什么机会在不用字典和Writing Lab的情况下搞定一篇高质量paper的。

其他课程的成绩大约在下一周也会陆续出来了，不过我其实对成绩没什么太大的执念，只是希望以后研究生能申请个不错的学校……其实我很纠结要不要回国学中文，要么是读完研究生回去，要么是本科直接体验完就来次巨大的中西转换……或许还是读完研究生去旁听几学期中文课比较合理？

2018/5/13

入春后常有雷雨天气，大约是因为村里的虫豸过于懒散，天公久唤不应。整个村子的供电似乎都不太稳定，雷声作响时时而断电灯灭，叫人心中惶恐。这雷声与漆黑的房间，似是唤起了深藏在基因中的那远古时在漆黑的山洞里听闻雷声的恐惧。

昨儿发文晚了，今天一时半会儿还发不出来，便早上稍早点起来发出去，转头便睡回笼觉了。为期三个月的幸福暑假就在前头等着我了，实在是期待呢。

2018/5/14

感觉又过了无所事事的一天，复习也没什么劲儿。食堂的晚饭意外地味道还不错，做了BBQ，还供应新鲜水果，可以说是很感动了。一想到回国以后新鲜水果至少是随便我吃的，我就感动得热泪盈眶……这日子真是太不容易了。

期末周过得和我一样轻松的估计也没几个人了吧。

2018/5/15

转眼周二了，回家的日子又近了一天。盘算了一下觉得这个学期的开支比上学期大了不少，实在是不买点吃的觉得村里日子难过啊。

明儿周三又有Hitomi专车代购服务，我觉得他真是造福黎民百姓疾苦众生啊……

功德无量。

2018/5/16

期末周没有课上，也没有什么作业，考试复习也不用花上一整周，导致似箭的归心将心弦拉得极紧，仿佛刹那间便会弹射而出。人在家时总想出门游方，而离乡后总是想着归来，或许这就是人性的矛盾吧。

去Walmart买了俩储物箱，准备明天后天收拾收拾东西，大后天便坐飞机回国了。

2018/5/17+18

转眼又到了一学期的最后一天，而这两日的日记我放一起写是因为昨晚实在太迟没有来得及，而这两日做的事情也几乎一样。

整理箱子、收拾房间实在是个体力与技术并重的活，不整理整理实在不知道自己房间里居然有那么多东西，也不知道居然有那么多东西从来都没用上过。把几个大箱子挪下楼梯几乎是要了我的命，箱子沉楼道还窄，楼梯上横着走定是不安全的，只能拽着箱子让箱子顺着台阶一点点滑下去。所幸Norris前边厅的trunk也可以存东西，算是节省了些路程吧，至于下学期初的事，便下学期再说吧。

这学期的日记林林总总加起来有近四万四千字，回头一看真是个浩大的工程，但不知不觉也都坚持了下来。大一一年的日记奔着十万字去了，若打印出来怕也有厚厚的一册。

算是有些成就感吧。

村间世外
2018/8/28—2018/12/18

2018/8/28

大二的第一班飞机格外颠簸，从浦东到达拉斯13个小时的航程，有一半是令我头晕目眩的。生平首次把前座椅背后的呕吐袋发挥了它原有的用途。我向空姐询问是否有晕机药，最后却只是哭笑不得地拿了个巨大的袋子回到座位上。

大约是向来不晕车不晕船不晕机的体质让我放松了警惕，我的行李里是从来都没有晕机药这一项的，而我也尝到了大意带来的苦果。想来飞行也能算是人与自然的一项交锋，而我在第一回合获胜后便得意洋洋，自以为已经将天空征服，却不知自己依旧脆弱渺小。如同珠峰不会对曾经登顶的探险家有丝毫的怜悯一般，每次与自然的接触都需做好万全的准备，不然轻则头晕目眩，重则跌落深渊。

新一学期的日记题为“村间世外”，“村间”与“世外”二词都说的是Grinnell了。无青山无绿水的地儿，没有高楼

没有广厦，实在是个无甚么特色的村落，可学院的书香却赋予了这平平无奇的村落别样的风姿。凡是能被称为“世外之地”的去处，都有其独特的风骨。不论是深蕴禅意的终南山，或是避世独立的桃花源，都有一股生于笔墨诗书的仙气，而G村似也有这般的神韵。就在这平凡的村落里，有告别都市前来求学的学子，也有潜心学术一住廿载的教授，也正是他们让村落的平凡化为非凡。

俗而雅，隐而逸。

2018/8/29

早起喊上学弟帮忙，把暑假寄存的箱子搬回了寝室，再一同去了趟镇里买回了这学期需要的书。本来想省点钱买淘宝上20美元一本的PDF版的，但店家说最近查得严要涨价到50美元一份，想了想还是转回来支持正版纸质书了。

Grinnell的夏天看气温倒也有30度左右，但空气不潮湿，风也往来得勤快，完全没有杭州的闷热感。大多宿舍的房间里都是没有空调的，一是因为房子建起已经有些年头了，二是因为真的没有什么需要。不开窗的话屋子里是有些热的，可一打开窗户便能感受到带着一丝凉意的风，似我这样身上没有几两肉的，还真不敢把窗户开得太大，担心被这风吹得感冒。村里昼夜温差大，晚上需把窗户合到只剩一条缝，否则半夜大约是会被冻醒的。

把寄存箱搬回寝室是个体力活，而把箱子里的物什分门别类收纳好却是个技术活了——准确地说，是技术与体力并重的。洗完床罩被套，换下昨晚将就着铺床的毯子。用抹布把屋子里能积灰的地儿都擦擦干净，再把衣物、书籍、电器都摆到柜橱抽屉里与书桌架子上。本就是个蜗居，把生活用品填充满后，便显得更加拥挤了。所幸学期伊始，一切都还算有条有理，就不知我这房间能整洁到何时去。

王震　墨荷图

2018/8/30

大约是时差还没调整完全，昨晚十一点前后睡下，早晨六点四十几便自然醒了，距离设下的闹钟还有两小时之遥。原野的蛩鸣是连绵不断的，在无嘈杂人声的清晨听得更为真切——这虫鸣甚至有种响遏行云的壮阔感。那声音连成一片，人耳全然分辨不出声源的方向与数量——或许四面八方都是这声音的来路，或许千万虫豸都在那青草下低吟。

当侧耳听那虫子的声响时，低空掠过的乌鸦或会发出更为惊人的声响。乌鸦的叫声可比虫豸嘹亮许多，在万籁俱寂时忽闻其声，恰似闲坐路边时有汽车飞驰而过，直叫人猛然惊觉。早晨那乌鸦从屋上掠过时恰好鸣了三声，一声不多一声不少，先远而近，即近复远。待人反应过来想去寻它的踪迹时，这身披黑袍的家伙便早已逃之夭夭了。

不知是因阳光还是人声的缘故，白日当空的时间里是不

大听得到蛩鸣声的，直到太阳从西边的地平线直愣愣地落下去后，这每夜演出的交响乐才重新拉开序幕。

说来这蛩鸣也真是神奇，你若细听则越听越响，可你若不听，不出一会儿它便消失了。

2018/8/31

昨天还在给CZT描述Steiner Hall外边的花树在春天是怎样的光景，今日出门便感到了秋风的凉意。抛开暑假的三个月不计，Grinnell的夏日在我的眼中也就那么区区一周不到——这夏天本就不长，在春暮时我便已经回国，待归来已近初秋。

G村下雨的日子实在不多，像现在窗外这般下得酣畅淋漓的就更少了。也不知这许多的植被是如何生存下来的，竟还能在春天开出姹紫嫣红的花来。

周四周五两天把这学期的课都上了第一节，拉丁语、古汉语、女性与宗教、雅典的民主与帝国，依旧是熟悉的全文科配方，体验下来感觉还不错，只是阅读量肯定是少不了了。

古汉语的教授是哈佛的博士，在和我们商量后，她把每

魏学濂　荷花鹭鸶图

周一、三、五早上九点到九点五十的课改成了每周一、三八点三十五到九点五十。想来我们村还是给了教授极大的权限与自由的，他们都能把自己想教的东西以一种称心如意的方式传授出去，这大概也是这片玉米地能留住这许多宝贵的脑子的原因吧。

2018/9/1

刚感叹完昨夜的大雨，今夜便有一场更加气势磅礴的到来。细雨落到草地上是没有声响的，而骤雨击打青草的声响则比平日的蛩鸣更为响亮。关上房间的灯，素白的墙壁时而被闪电照亮，继而耳边传来隆隆的雷声。

洗衣房在隔壁Younker的地下室，我沿着被斜飞的雨水打湿的檐廊，去取我傍晚下雨时放入烘干机的衣服。方才走下台阶，便一脚踏进了水里。这水说深倒也不深，不过两三厘米，但鉴于这雨实在也没下多久，便可见雨量之大。这水是从洗衣房直接连接到地面的斜坡倒灌进来的，将洗衣间的地上铺了满满一层，穿过靠近宿舍的门，正试图侵入学生的寝室。一旁的同学给Campus Safety打了电话，他一边不断地高呼着“oh my God”，一边踮着脚去够仍在洗衣机里的衣服。

所幸洗衣机还是比地面高出许多的，而我的鞋底也堪堪高过了积水。顺利地拿出烘干的衣服，重新走上连廊返回Smith。正当我看着连廊外，惊叹着G村暴雨的情景时，一道闪电从空中划过，照亮了漆黑的夜空，而道边的路灯也正在这时忽地一闪，继而便直接熄灭了。雷声在此时响起，闪电早已消失，楼房便顺理成章地隐没在夜色中了。

宿舍的电在雷雨天气常会中断，灯光在数秒后又会重新亮起。这似是鬼片的场景，亦是偏村的现实。

2018/9/2

回学校后的第一个星期天，依旧是熟悉的赶作业的味道。Democracy& Empire in Athens的阅读量果然如我预料的一般多，不过看起来还是挺有意思的。雅典的民主看起来充斥着愚蠢的做法，比如让一群毫无知识基础的人去做相关领域的决定，比如完全忽视少数派的想法。依稀记得以前听人说过，民主就是多数人对于少数人的暴政，想来不无道理。

这学期刚开始学二外Latin，拉丁语和英语一脉相承，学起来倒是比当年学习英语要简单上一些，很多概念都能理解了。说来拉丁语还真是一门不麻烦的语言，不规则的变形看起来比英语要少上很多，语序对语义的影响也不算很大，希望一个学期下来能看懂些文献吧。

古汉语第一周读的内容是《资治通鉴》，是有关安禄山反叛，而哥舒翰被迫出关迎战的内容。难度不大，倒是上课

要把文言翻译成英文让我有点发愁——句法上的变化也未免太大了。教授又发来邮件说上课的时间不能改了，因为所用的教室有时间上的冲突——大约本来调整时间可以补上的课最后还是要不上了吧，也不算是件坏事（教授学期中旬有两次要出去开会，本来调整时间可以刚好错开）。

Emm 至于宗教学的阅读，明天再说吧。

说来晚上有俩同学在群里借针线，借完了却不会用，最后都送我这儿帮忙缝了起来——小学时候学的针线活居然真能派上用场，想来还是挺愉快的。

2018/9/3

总觉G村这几日的天气颇似杭州的梅雨季，时而雨丝如牛毛般纤细，时而雷声如奔马般震耳。可这美国中部的原野到底与东亚南方的丘陵地区不同，比如，这里是有龙卷风的。在寝室里刷着微信，突然听到了警报的声音，寻人一问，竟是关于龙卷风的警报。在食堂吃饭的同学都被紧急疏散到了地下室，窝在室内不敢外出。所幸只是虚惊一场，不出十分钟便得到了大风从G村侧边滑过并未对学校造成损失的消息——可这样的经历依旧是在杭州这辈子都不大可能遇上的。

CZT把我拉去了健身房，这是我来G村以后第二次走进体育馆这栋楼——第一次是开学时候有个白头发的老爷爷在那儿讲话顺带拍合影。健身房里真的到处都是壮汉（壮妹），瑟瑟发抖。这学期emmm勉勉强强打算多来几次锻炼身体，以后每次去了都记下一笔，看看最后去了几次吧。

2018/9/4

鹧鸪天

芒种还家未可留，忽然三月复西游。
平湖故土城中镜，秋月他乡心上钩。

邻白露，近中秋，疾风骤雨恨飕飕。
事如泥塑临河渡，唯仗相思一叶舟。

2018/9/5

骤冷，风大，添上毛衣，出门带伞，其实不在家里的时候，我自己也能想得很周全。早上古汉语课翻译的速度比我预想得要慢上许多，估计比教授本来预计得也要慢不少，算是减轻了很大的负担。拉丁语的学习感觉进度蛮快的，从入门到现在三节课，已经讲了许多人称、时态、主被动以及形容词名词性别的区分了。这一减一增，到最后倒是和我开学前预想得差不多了，真是叫人啼笑皆非。

Classics上课谈到了Solon对古雅典政治体系的改革，都是在细枝末节上对已有的框架做出改变，而收效甚大。教授说他保留原有框架的原因是“to pretend everything is the same”。看来这种偷梁换柱的做法不论是对哪国人民都是奏效的呢。

2018/9/6+7

拉丁的作业突然少了一项日常都有的内容，一时间还有点不习惯，反复确认是不是真的没有布置题目，换做以前估计高兴还来不及，上了大学却生怕漏了什么作业没做——变化还真大呢。

Democracy & Empire in Athens的教授发邮件来说为了保护树木，明天上课的材料可以直接在电脑上看——也是个妙人。

（昨日公众号未发送成功，宿舍网实在是差，便与今日整合一番一同发送了。）

Religious Study课上谈到了性别与宗教的关系，并着重讲了讲Gender Study的历史。Reading里有一句话说，大部分美国人都无法说出20个美国历史上特别出名的女性，同学们试了也觉得挺难的，个别在读艺术史的倒是能举出一些，但都是相关领域的，谈到政治方面的话更是寥寥无几。作为一个土生土长的中国人，美国历史我虽然学过，但细想还真的没几个巾帼英雄，转而一想我国几千年的历史，要举出20个女性名人还是轻而易举的。王昭君、貂蝉、西施、杨玉环、卓文君、蔡文姬、班婕妤、李清照……掰手指数完一看，好家伙，一个个闭月羞花沉鱼落雁，唯有少数才气逼人，若谈到政治，恐怕就只有武曌和上官婉儿这俩姐妹，以及吕后与慈禧这俩灾星了。

可见中国封建时期的确是完完全全的男权社会了，凡是能名传百世的姑娘，大都需要天姿国色的容颜，只有少数中的少数并不是与“美”这一字挂钩的。此外，似乎谈及女子便必有一男子挂钩，如卓文君与司马相如，又如李清照与赵明诚，至于杨贵妃与唐明皇那就更不用说了，可若谈起诸如韩愈、辛弃疾的夫人，恐怕就没几人知晓了。历史上大多的女子连名字都没留下，就连有幸被史书记上一笔的，也不过是一句“××氏”了事——当然，留下姓名的男子也不多，但就数量而言，差异的确是很明显了。

都说男女社会地位的差异是由于社会分工的不同，所以在原始的hunting& gathering社会时性别的差异最为显著，而当社会愈加“现代”，则由性别造成的差异便越小，可许多人依旧保留着一定的男权社会的价值观。这种价值观与社会现实上的冲突大约就是需要发起女权运动的缘由了。

所谓女权，其实是平权。因数千年男权社会的阴影尚在，如今女性于社会中的地位或许还是处于劣势的，而女权运动者所追求的当是男女平权，这也是女权运动总与同性恋、有色人种等少数群体统一战线的原因——因为他们追求的都是同样的公平(equal)。所以，正统的女权应分为两块，一是争取与男性在社会各方面完全相同的权利，二是放弃在男权社会中女性所得到的男性的“照顾”。第一块例如同样的工作岗位，而第二块最恰当的例子就是“女士优先”。一切借女权的名义只争取第一方面的权利而又紧抓第二方面的照顾的，都是借女权名义欲谋私利的伪女权者。女权是建立在女性能与男性担任相近的社会职能的基础上的，若坦然接受所谓“照顾”，便没颜面坦然争取“权利”了。

这世界上所有人类平权，大约是我这辈子都无法看到的了。一切的公平都需建立在“相对”之上，正如绝对的运动与相对的静止。总觉得一切以能力论是最公平的了，有能力便上，无能便淘汰，自然选择。说不定人类的悲悯与同情才是实现绝对平权的最大障碍，不过那样的平权不要也罢。

2018/9/8

度过了开学后的第一个完整周，不算忙碌，但能预见到之后的困难。课程都还是有点难度的，也就Classical Chinese因为我个人兴趣爱好的原因算是不那么困难——难点对我来说主要体现在翻译上了。

YDZ中午还兴冲冲地拉着我去食堂蹲他喜欢的妹子，下午就一脸悲戚地回来告诉我说姑娘跟他说打算大学四年不谈恋爱，并坚决不改变想法——看着他就觉得一股悲意扑面而来，太惨了。

CSA晚上组织了迎新的活动，这学期下定决心脱离肥宅的我便跟着需要散散心的YDZ同学去争当现充了。同样是在Norris的大堂，同样是围坐一圈轮流介绍，接着是CSA祖传的团体活动，一如去年我们这届刚进学校的样子，还真是怀念呢。

白驹过隙，恍然惊觉。

2018/9/9

盘算着国内的时间，在我妈差不多起床的时候给她发了个52.0的红包，顺带祝她教师节快乐。美国这边是不兴这个的，似乎在五月有个什么节日也是表示对老师的感激的，但具体日子我也记不得了。

从小到大的教师节总是过得蛮开心的，大抵是因为这天老师心情好，我们日子也过得好，而有时候甚至老师只上半天课，剩下的放假或是交给同学来代课。母亲曾带着小学时候的我参加过她学校的教师节，我也曾看着平日里威严的老师如同学们一般欢闹在一起——依稀记得是泼水还是什么活动吧。

新的US News的排名出来了，敝校侥幸居于LAC排行榜的第11名，与Smith College并列。这是2000年以来最高的排名了(接近TOP10)，我也可以说是在一个黄金的时代进入Grinnell学习了。跟新课堂的老师商量了一下寒假回去学习GRE的事宜——要像一个前十学校学子的样子呢，不能给学校丢人了。

文同　墨竹图

看朋友圈得知了马云打算急流勇退的消息，并不感到意外，但总还是觉得有些早。不过他也还给自己留了一年的时间，我倒是对接下来一年中阿里会做出的改变蛮感兴趣的。听说马云选在这个日子宣布此消息，是出于他生日与他曾经教师职业的考量——没想到马云爸爸最中意的职业依旧还是老师呢。

算是个不那么平静的教师节？

2018/9/10

仔细看了看syllabus（课程大纲），发现这周的任务有好多，果然开学第一周的悠闲都是骗人的。明天有一个leading discussion要做，周五有Latin的考试和一篇paper要交，看着都有点头大。本来想着这周再去几趟健身房的，看了看要做的东西，果然还是随缘吧，有时间就去好吧。

刚背完今天的单词，明天第一节课在十点，能睡个好觉。

2018/9/11

懒觉睡到九点再去上课，感觉这才是想象中的大学生活，而前几个学期一直没有这样的体验，真是可惜。在下午的Religious Study课上做了leading discussion，感觉引导同学讨论问题比单纯地做演讲还要难上少许，大概因为不再是一个人唱独角戏，而是要和他们互动起来吧。

Tutorial的教授让我们约时间回去和她商量商量以后major的方向，顺便谈谈这个学期过得怎么样，于是下午我便背着包去了。数月不见，看到她还是很亲切，想来遇上这样的Advisor也算是来到Grinnell以后的幸事。聊了聊关于我这学期课程的情况，我表示我很喜欢，四门Humanity上起来虽然课业量大，但还是很愉快的。说来一般的Advisor并不会允许学生三个学期下来一门science的课都不报，而她竟容许了我的任性，实是感激非常。不过她表示下学期一定要选上一门了，不然她会有些担心我下个Advisor对她的

看法 —— 那好吧。从国内给她带了个青瓷的小花瓶，她说其实我不用给她带礼物，但我表示她一定会喜欢 —— 果然拿出来以后当场就摆在桌子上了。上回去她办公室就觉得桌上缺了什么，这次算是补上了。

花卉是个很神奇的东西，并无什么现实的作用，但看着总有美妙的观感 —— 正如艺术与文学。图书馆前小径旁的花尚未凋零，虽然已是初秋天气，依旧有黄蝶与蜜蜂绕花而飞。G村的树大都长得茂盛，长风吹过树叶摇动，便有如流水般的声响。下午的阳光洒落在叶上地上，树影斑驳，日影亦斑驳，倒不知究竟是树叶在摇动，还是日光在摇动了。草地上跑动的松鼠还是体态轻盈的样子，但我知道它们在数月内便会一个个丰满起来，如被吹起的气球，囤积脂肪以迎接平原的严冬 —— 这都是我上一年所亲眼见过的。回忆中的时间流逝得快，而午后暖阳下的显得慢些，可实则从古至今它都是个不徐不疾的样子。人生百年，我已去了五分之一，而父母约莫过半，虽比春开秋谢的繁花长上百倍，但较之春江秋月不过一瞬，也不知该喜该忧。

2018/9/13

复习Latin考试焦头烂额，感觉进度未免太快了点，听说我们教授是全Classics department上Latin最快的一个，而Latin的教材编写的进度也快，实在头疼。明天下午还有个paper的due，今天也约了Writing Lab稍作修改，希望结果不错。

2018/9/14

考完试交完paper，迎接快乐的周末。下午怀着忐忑的心去见上学期上Humanity 101的Cummins教授，希望她能当我选定专业后的导师。Cummins在我眼里是个博学而温和的女性，属于典型的优雅老去的学文女子，与她丈夫在G村教学已近20年了。她算是我校人文学科的一宝，能跟着她学习想必是件幸运的事，而我也算如愿以偿。

得到肯定的答复走出她办公室的时候感觉整个人都在云端，感觉傻笑得嘴都合不上——一般来说我特别重视的事情不多，而选定导师无疑是其中之一。

晚上与同学们相约Noyce打三国杀和狼人杀，可以说是十分愉快了。

2018/9/15

喝了咖啡一直没困意，看来以后晚上的确是不喝为妙。周五一篇paper一场考试，所以周末作业不多，算是轻松非常。上周五把前段时间填的词都整理好打印出来递给了教中文的教授，也不知道会有怎么样的回应，还是蛮期待的。

妈妈昨天听我讲了申请Advisor的事后便去搜了搜我的教授，发现在rate my professor的网站上有篇文章，把她排在一个全美教授列表的第三位——我虽然知道Cummins教授很棒，可还真不知道她那么棒，这次还真算是捡着宝了呢。

昨日和她聊有关major的内容时顺便问了问关于大三留学的一些programs，现在在去London和去Athens之间徘徊不定。感觉是个学校就有去英国留学的项目，而去雅典的就要少上很多了，而且在Athens还可以继续Latin的学习，和Classics major也更契合一些。

时间还早，可以慢慢考虑。

2018/9/16

总觉得学校的食堂这学期有了极大的进步，一周里面至少有个三四天是能吃的——我的要求还真是降得很低了呢。食堂周末通常没有什么好东西，而周日上午更是连早饭也无，看来是默认了没几个人周日还吃早饭了，这可真是个American的规定呢。

转眼出国又快一月了，似乎又有些想念葱油拌面以及各式的杭帮菜了。说来惭愧，去国离家，最易想起的却都是些口腹上的东西，实在是难上台面。稍稍盘算了一下，发觉这学期都快过了四分之一了我才开始有些想家，或许不知不觉我便又到了杀回杭州的时候了。

寒假想去趟舟山六横看下爷爷。

2018/9/17

中午太困睡了一觉，爬起来上课还未清醒，迷迷糊糊地口语错漏百出，看来外语与母语到底不同。下午找了Tut的Advisor，拿到了选专业的表格，今晚便开始写我的four-year plan了。看了看一列表的300级Latin课，便觉得自己基础可一定要打好，不然后几个学期怕是要凉透了。此外，填写表格的时候有考虑读一个Classics和Religious Study的double major，计划现在先申请Classics，到大三再视情况考虑读不读double。

明天早上10点的课，本来打算好好睡一觉的，结果写作业写了好久，reading比较令人头疼。

2018/9/18

起床出门还是晴天，待一节课上完突逢骤雨。从Noyce到Dhall不过几步路，但纵使打着伞也还是淋了个全身湿透。到Dhall正在庆幸自己把下午要用的书都带了出来，室友跑来和我说我窗户没关床被淋湿了半边……心态崩了。

于是吃完饭回寝室一看，窗台上全是积水，床上也有很大一片水痕，不过倒是比我想象的小点。看来把糟糕的事情往大了预测的确会让人心情好些，因为看到的时候便会生出“不过如此”的想法了。宿舍里偏干热，一下午过去床铺也干了，晚上依旧能睡个好觉。

跑去Latin的教授那里请他帮我纠正纠正读音，虽说并不要求朗读，但还是希望能尽可能读得出来，不过有些音真是难发。而且因为英语、拉丁语用的字母表基本相同，经常会出现混淆的情况，令人头疼。

2018/9/19

为满足口腹之欲，又从斋藤老板那里点了外卖。香酥鸭、水煮鱼，一共两道菜加一碗饭，便去了我三十八美元。想来数字虽不大，但若换算回国内，这餐也算奢侈。实在是因为无甚更好选择，才会为这谈不上精致的饭食花上大价钱。

昨夜与父母谈论选专业的事宜，妈妈希望我读一门经济的double，而我心平气和据理力争，最终说服了我妈。我很高兴自己能坚持一开始的想法，也很高兴父母能尊重我的想法，并坐下来和我细细讨论。这般一条路走到黑，我是可以预见到那柳暗花明的一瞬的，而我也把我的预见与想法一一讲给了他们听。都说不忘初心方得始终，如此也好。

2018/9/20

老妈在家中三人的群里转了封信，说是一个建兰的学弟写的家书，絮叨他在临近中秋的日子里的心情。他与我一般在国外留学，学校里有相似的松鼠，字里行间对于杭州的思念也似曾相识。想来文字最能打动人的地方就是心中的共鸣了，这种人虽陌路而心情相同的感觉总令人心生暖意。

或许去年的时候看到这么篇家书，心有戚戚的感觉会更重些吧，而现在我已经有些看开了。说是去国怀乡，可较之古人也不过如此。古时入京科举便是一年，若金榜题名留京做官，那更是无暇脱身，如果为官异乡，就难以见着还乡之日了。若具体点说，就如我一直很喜欢的苏轼。东坡先生写下《水调歌头》怀念子由时，已与他分别六七载，天涯两隔。而我出国留学，一去不过四五月，实是转瞬。

2018/9/21

每周五狼人杀、三国杀的局还是愉快啊，而学校今天的晚餐也格外好吃，有烧鸡和鱼，以及水果比萨。想来唯有的比较难受的事情就是林叔叔寄来的月饼我没来得及在周末前取出来，估计要下周一去拿了。CSA中秋晚会大概是在周六晚上，亚洲许多国家的同学都会来参加。大二在学校里认识了更多的人，大约参与起来会比去年更有趣些。

Latin的课程难度一路飙升，虽然距离期中考还有两个星期，我已经开始担心期中的成绩了。感觉背了好多时态语态，听说比其他的语言学的进度都快，实在令人慌张。

2018/9/23

【八月十四】

忽然冬春夏，几日又中秋。松鼠攀枝上树，已无鸟语啾啾。黄叶飘零，于故乡乐见其美，异国却觉其悲，料是秋心合成愁。廿载糊涂，唯知情分悲喜，月有盈缺，惜明月圆时人未圆。去国离乡，仍需若许年。西湖月寻常难见，旷野风平日常闻。虽三五好友常伴，不至形影相吊，憾父母年近半百难享天伦。

国内时间较村中早上一日，故中午见群中互道“中秋快乐”时还有些错愕。天涯相望，云山重重，连日子都不一样，就更别想着欢聚一堂了。前几日提的中秋晚会我大约是记错了时间，应是安排在了下周六，比中秋的八月十五晚了接近一周，算是迟到的庆典。村中的八月十五便是明日了，是忙忙碌碌的周一，实在可惜。人有时候的确是需要点仪式感的，也需要情绪上的起伏，否则每日每月每年都会如时钟般过得四平八稳，皆如复制粘贴般无趣，更不可能留下什么记忆了。而记忆，却是个极为重要的存在。

我算是个很健忘的人，有什么难过或悲伤的事总能转眼便抛之脑后，傻乐着继续前行。便说去年吧，虽然日日都有记日记，可现在叫我回忆却提不起几件——倒是去年自己填的词还大都能记得。有时候很想当个超忆症的患者，把细细碎碎鸡毛蒜皮的事情全都记下，哪怕无法遗忘再多的不愉快我也都愿背负，只为不忘记许多不想忘记却早已记得模模糊糊的事情。

寻常的中秋总是在杭州过的，大都与爷爷奶奶同姑父姑妈一起，近些年舅舅、外婆他们搬到杭州，便都聚到一桌。我还记得上个中秋……不，是上上个中秋。那时与爷爷奶奶坐一起吃饭，还留了合影，可如今爷爷已经不在了。我试过努力回忆那日发生的事情，可能记起的也只有那张照片上的情形了。记忆或许比水中游鱼吐出的泡泡还要脆弱，尚未浮到水面便已破碎了。我记得儿时的周末总去爷爷奶奶家过，也记得一个曾在爷爷奶奶家床上做过的梦的模样，可提起那时爷爷的相貌却是模糊，只记得一个清晨背对着我念佛焚香的背影。人是不能让自己去回想些悲伤的事的，因欢喜总破碎不成片段，而忧伤常织结成网，将人牢牢兜住。

近年来不喜中秋，方八月十四，已不敢抬头望月。

2018/9/24

满庭芳

平野星垂，琼枝玉照，绵延树影如山。东山山上，依约胃银盘。借问寒宫吴子，数载过、可记前缘？异乡月，当年是否，伴我泛湖船？

年年，都似此，月分盈缺，人有悲欢。笑而今、重抄去岁词篇。何日云槎归去？折桂置、西子窗前。呼佳友、同来把酒，待我醉时眠。

2018/9/25

开学一个月的现在，感觉大家都很累。CZT发公众号说自己在Grinnell累到重生，我们宗教学的教授今天上课上到一半说自己身体不舒服提前下课，感觉大家都像G村骤雨中的树叶般摇摇欲坠。

所幸我学的都是些喜欢的东西，有时也偷些小懒，下午小憩一会，倒觉得精神与身体上都还不错。学会苦中作乐或许是乡村生活所必需的吧。

2018/9/26

今儿上课的阅读材料是《被缚的普罗米修斯》，以前当神话读的时候觉得是关于宗教题材的悲剧，上完课却隐隐觉得有影射政治的感觉。神王宙斯是僭主，而奥林匹斯诸神代表贵族阶级，至于被神王遗弃的凡人，无疑就是普通市民了。主角普罗米修斯在我眼里有着介于人神之间的身份——火神与河神将他认作同族的神灵而不忍见他被处罚，而他却是人类希望的授予者。僭主惩罚身为贵族一员却站在民众一边的他，而民众愚昧无知又羸弱不堪，自然无法救他。

在雅典推崇民主却未完全成功的执政官梭伦在诗歌中提及，他站在剑拔弩张的贵族与平民之间，手中却只持着一面盾牌，也只能抵御来自一边的攻击。片面地说，普罗米修斯的身份便如梭伦，背离本身的阶级，欲将民主的火种分发给城民。可他又不似梭伦，因梭伦身为雅典的执政官，本身已处于最高位——不过若将宙斯的身份理解为具象化的旧势力倒也说得通。或许普罗米修斯的身份还可以被抽象地理解为民主，所谓“democracy”。他赋予人类美好与希望，可人类却无法回报。在僭主上位时他忍受苦难，却永远不会真正死亡。

通常来说，文学作品中的角色是不会完完全全来源于一个单独的人的。我愿意相信，不管是宙斯还是普罗米修斯，都一定有他们的原型，可这原型大概不止一个两个。作者约莫是整合了许许多多的历史人物，每个人都贡献出一些残片，最终才拼合成了《被缚的普罗米修斯》中宙斯与普罗米修斯的形象。

说来教授并未要求我们关于今天的reading写paper，不过我自己有这些想法，便笔录下来以备后用了。

2018/9/27

今天似乎是俄罗斯的一个什么节日，食堂办了特别的活动，准备了许多俄式的餐点。烤肉的大叔是当着我们的面烤的，看着那肉本来十分心动，可等他烤完肉块已经黑如焦炭一般了。我取了几块拿回桌上，实在下不去口，便用刀把肉块的外部全都切掉，只留中心一点。虽说奢侈，但味道还真是不错。

看了朋友的古汉语课教材和笔记，有点想学。

2018/9/28+29

两周下来终于把申请major的表格填完交了上去，也成功申报了Classics major。想来当初选择文理学院就是为了能感受与国内完全不一样的人文教育，如今不忘初心，是一种幸运，也是一种幸福。

天气骤冷，宿舍内暖气还未开，于是猝不及防有点感冒。周五早起觉得人不大舒服，便给古汉语课的教授发了邮件请假，但还是爬起来上了之后的拉丁语课。说来周一有Latin的midterm，有点紧张。

CSA举办的中秋节晚会在这周六晚上，算是个迟到五天的庆典。礼堂的音响效果不佳，但表演的同学们还是留下了令人印象深刻的歌声。从古典的《新贵妃醉酒》和《天边外》，到英文曲目*Perfect*和粤语歌《倾城》，把古今中外都展示了一遍。

每逢佳节倍思亲，此话不假，可盛大的庆典终能将相思冲淡些许，叫人稍感安慰。

2018/9/30

Latin的教授在周日晚上给我们加了两个小时的课复习明天的期中考，实在是敬业到令人感动。虽然每天都分出很多时间背诵Latin的单词，但还是觉得明天考试要崩，于是从在他6—8点的补课结束后我一直复习到现在，总算是把词汇大致都记住了，可语法多半还要看明天的发挥了。实话说我在记诵方面可能的确没啥过目不忘的能力，从小到大读背的东西也就诗歌记得特别牢，如今却也不得不在记单词上撞个南墙了——还必须要下死劲儿把南墙撞塌。这固非趋利避害的“君子所为”，但也是不得不为。

这次从国内出来带了些晚秋与初冬穿的衣服，但万万没想到G村的天气变冷得那么迅速。从二十七八度到七八度似乎只在一夜间，瞬间便接近了杭州深冬才有的天气，或许没几天我便又要穿上大鹅来御寒了，可惜了秋衣。

2018/10/1

风入松

烟浓露重望难穿，凝水罥秋衫。
经花踏草凉轻履，惜光景、一片清寒。
明日霜来风骤，须臾草尽花残。

来年花色似今年，草色亦今年。
去年院落明年见，攀枝近、难辨何年。
却问花魂花魄，一冬藏向谁端？

2018/10/3

这周学业颇重，总觉头大如牛，无心写日记。Latin的期中考80多分有点崩盘，感觉学得有点自闭了。和教授约了以后每周二多抽半小时去找他辅导，希望能有成效。

天冷，恋床，嗜睡，下午一觉四五个小时，倒是晚上无心睡眠，恰好背点单词。

2018/10/7

自闭一周，撑到周末感觉好多了。G村的天气已经降到10度之下，室友都已经把大鹅穿上了身。半夜起来想了想还是更新下日记，也差不多调整好心情心态了。

食堂难得准备了饺子，虽然没有味道奇绝的肉馅儿，不过素饺子味道也不是不行，还算是满足的。说来上学期转学去哥大的同学放假回村里来探亲，看来这里还是有值得他留恋的东西的。

2018/10/8

周三有Classics的考试，和同学约了复习。说来真是难得有一起上课的中国小伙伴，虽然我觉得我俩都不大弄得清楚就是了。

今年村里下雨的日子格外的多，和几近无雨的去年完全没法相比，频繁得就如国内的梅雨季一般。本来G村便冷，一下雨则更冷，那雨丝淅淅沥沥地往人衣缝里飘，总能寻到雨伞或帽子无法覆盖到的死角。

等天气再冷一些，这日日飘落的细雨约莫就会变为漫天的飞雪，积一片苍茫银白的大地。而异国的北风定也如刀剑般锋利，割得人只得瑟瑟躲于屋中。

2018/10/9

古汉语课讲完了《资治通鉴》中唐玄宗与杨贵妃的内容，这周开始读《长恨歌传》了。开篇第一句就有需要借助注释来理解的内容，还是有点意思的。原句是："开元中，泰阶平，四海无事。"其中"泰阶"一词我不知意思，看了注解才知道是星宿名，而"泰阶平"三字意为"阴阳调和，天下太平"。

下午同YDY约在Burling进行Classics的midterm复习，感觉考试一定会很有难度，希望周三之前能都准备好吧。

2018/10/10

总觉得明日考试有许多东西难以记得，也只得记一些是一些。当堂写essay果然还是件很令人头疼的事情，其麻烦之处在于不能查词典，很多专业词需死记拼写，遇到一时想不出英文的形容词、副词不得不另选词语绕过去，有时会词不达意。

实话说，若无考试等事的话，学习定是件彻彻底底愉快的事情，但教书育人到底缺不得这检验的法子，而这法子也的确逼着人去强记许多平日懒记的东西。我虽说时常没什么干劲，有时也不得不拼上一拼，至于结果却不强求。

2018/10/11

考试时按照记忆写了一波，感觉能谈到的都谈了，尽力了便是。晚上点了斋藤老板提供的晚饭，水煮鱼加回锅肉，虽说觉得有点偏咸，但还是相当满足。这周后边几天还是有些忙，下周亦然，所幸秋假将至，有些盼头。

吴昌硕　红梅图

休息时草草填得《唐多令》一首，觉得这词牌读起来韵脚连绵节律舒缓，能填出来便带有天生的美感，且与iu/ou韵极其相配。吴文英与刘过所填的《唐多令》一直列于我最喜欢的诗词中，其“何处合成愁，离人心上秋”“垂柳不萦裙带住，漫长是，系行舟”与“芦叶满汀洲，寒沙带浅流”“欲买桂花同载酒，终不似，少年游”都是音律与意境俱佳。

唐多令

芳野起蛩鸣，云河浮夜星。
望天都、楼密灯明。
心事凭虚逾广宇，乘蝶梦，访仙庭。

彩练拥娉婷，玉钟琼露清。
醉华胥、进酒难停。
梦醒寒窗惊骤雨，风与月，忽冥冥。

2018/10/13

Democracy & Empire in Athens的midterm成绩比想象的要高一些，不过也没特别好，89倒还过得去。幸亏midterm都是在不同周的，不然可能会崩溃吧。下个星期还有个Latin的测验，还是有些担心的。

说来离开杭州两月余，仍觉得暑假时家中事事皆在目，仿佛并未远游。寝室的灯一关，天寒窗外无虫儿鸣叫，又因三人间是一人一小间，倒有种躺在家中床上的感觉。

这学期与两个中国同学住一间，虽说出国前总听说国人抱团不好，但其实与美国人真的比较难做到和国人一般交友，总有语言文化上的隔阂。如今吃饭总是和室友一块儿去的，每周三也一起点菜分食，倒是比大一时要滋润上不少，也没什么不好。

有些事情的确是需要真正亲身感受才能体会到的。

2018/10/15

昨夜熬夜赶paper到四点半，今天昏昏沉沉，下午午觉睡到六点，到晚上算是彻底睡不着了。网上买的电子书没有页码，为了写引用的出处不得不跑到图书馆去把实体书借出来找寻，真是麻烦极了，早知开学的时候就不省那几块钱了。

屋内的暖气开了，可窗户玻璃不甚隔寒，邻窗的那面墙总有种冰冷的感觉。晚上室外极冷，时有冷风从窗缝钻进屋，我亦无法阻挡。窗上凝满了水珠，都与那玻璃一般冰冷，也不知真到了苦寒的深冬该如何是好。

2018/10/21

忆江南四首

江南好，鳞次尽亭楼。
西市残阳穿宝塔，
东山新月罥帘钩。
晴雨泛兰舟。

江南日，日晚乐游湖。
入夜流波浮舫艇，
侵晨团露缀芙蕖。
风月胜蓬壶。

江南梦，梦醒在天涯。
桂雨荷风辞万里，

星河月镜映千家。
未寝晓生霞。

江南忆，朝暮湿青衫。
满径黄花风未扫，
半腔愁水雨还添。
能不忆江南？

吴昌硕　红梅图

2018/10/23

En Zhao说多了解了解中国诗词文化，让我空时多和他讲讲，于是中午晚上寝室几人一同去吃饭的时候便和他叨叨了很久。说起来历代词人中我最喜欢的还是苏轼，虽并列第二的不胜枚举，子瞻屹立其巅。他既是赤壁坡仙，也是岭南食荔枝客，更是中秋明月之歌者，还是尘满面鬓如霜的苦情人。苏子留下的数百首诗词文赋中藏着他人格多面的光辉，读之依旧能感受到他无尽的魅力。

我实在是很愿意和朋友叨叨这些东西的，从《花间集》讲到乾隆的万首烂诗，我可以滔滔不绝直至西天生霞，可感兴趣的人如今真的挺少了。我常觉得小学初中的语文课对于“认识美”的教育是不够的，可美的的确确是文学最重要的组成部分，或说文学本身便是一种对于美的追求。对于诗词，领会意思能够翻译绝不是语文教育所该追求的。应如陶渊明所说般“好读书不求甚解”，在介绍完必要的字词和典故后去感受字里行间那如游丝一样的情感，并尝试体会字词、音律、场景、情感的美，而绝非用白话的翻译去破坏（其实我想用“亵渎”）那种文字独有的特殊韵味。

2018/10/25

感觉秋假的食堂实在令人没有什么食欲，便去村上的超市买了点吃食回来，能把早餐应付过去。

窝在房间里看了部前几年的动漫，叫《四月是你的谎言》。故事是天才的故事，但情感是凡人的情感，故而显得格外真实。这是一个拥有Bad End的悲剧，而对我来说，相较于喜剧，也是悲剧更为动人。所谓悲剧便是把美好的东西毁灭给人看，从古希腊到现代一贯如此，高于凡人的存在总在故事中获得不如凡人的结局，令人感到平凡生活的珍贵。

2018/10/26

转眼秋假将尽，转眼学期过半，前者令人意犹未尽依依不舍，后者则令我欢欣雀跃激动不已——可笑年近二十了我还是没褪尽孩童心性，日日盼着假期、盼着窝在家中。

学校周围是玉米地与农场，每逢十月道路上便有股牛粪的气味，时如梅花香气般缥缈，时如鲍鱼气味般浓郁，实是令人难以沉浸于异国的秋光。可不管怎么说，这也是在杭州所难以体会到的感觉。

说来我倒是想知道，从这般村落中走出去的人们，是否会将这难闻的味道也认作故乡的气息？

2018/10/29

呐，果然放完假刚开学不更新日记会有负罪感啊。

村里的树叶转眼变黄又转眼飘零，前日看还有一树黄花，昨日剩下一半，今日便只有三分之一了。似乎留得越久的树叶也越坚强，飘落的速度越来越慢，到了深冬约莫也还会留下那么几片铁骨铮铮的叶子吧。

可恨的是拉丁语也是如此，越到后面学的东西就越难，好不容易才赶上了进度，却又被不断加速的教材给拉开了距离，真是头大。

2018/10/31

秋假回来第一周就忙到令人绝望，感觉这个学期较之上学期虽短，但课业量几乎相等，于是各种考试论文的频率也便高了。

今日是万圣节，学校里许多职工都穿上了奇异的衣服，在问讯处和食堂入口看到总能令人会心一笑。西方人对鬼怪不甚避讳，倒是与国人相差甚远。

2018/11/1

食堂门口那不知姓名的树，已有一半的叶子变作了暗红色，而剩下的那一半仍是深青。操场边的那棵倒是和它不同，里里外外高高低低，都早被秋风染上了灿金的颜色，并堆积了一地黄花。而最令人感到萧索的约莫就是宿舍前的那树了，在半月前便已无法在它身上见着多少青翠，而现在便连黄叶都没剩下几片。那几株松树倒是不需要换上冬装，依旧是苍翠的样子，可积在树下的枯黄的松针却是透露了它们不愿被人知晓的秘

吴昌硕　牡丹水仙图

密——松叶也逃不开轮回的命运。

每棵树都是要面临冬天的，千里万里十年百年都是如此，从没听过有逃脱的案例，正如每个人生来都是要面对死亡的。有些凋零得早些，有些则慢些。有些穿上黯淡的黄袍面对严寒，有些却在临冬前换上华美的红衣。有些或不愿意接受自己的宿命，死死抓着年青的容颜不愿放手。可惜寒冬对谁都是一视同仁。

都说怀孕的女子走在街上，会觉得常能见着孕妇，是因为她开始注意，方才觉得频率高了。而我如今觉着今年过世的为我所知的人便如满地的黄叶一般多，是否也是因为我开始注意生死？从霍金到金庸，群星陨落，似乎眼看着一个时代在眼前衰亡。前几日看到篇文章说九五后已经开始失去了，本不愿接受，现在看来确是如此。

2018/11/11

一周忙下来身心俱疲，好不容易撑到了周末，结果周一还有paper、report，以及拉丁语的midterm，实在令人绝望。下周似乎也不会太空闲，这大约是享受这个特别短的学期的代价吧 —— 所有东西都积在了一起，压在身上如一头以脚尖站立的大象。

又要开始选新的课程了，与前两个学期不同的是，下学期已有专业的课程预先订好了，倒是不必再大加纠结了，也算是好事。

附《唐多令》一首：

唐多令·松

落木满秋庭，萧萧飘且零。

剩孤鸿、依旧多情。

尽日徘徊飞不去，留恋是、此亭亭。

风雨换阴晴，年时不可停。

问伊伊、何以常青？

却道常青常寂寞，独对月、月华明。

郑燮　墨竹图

2018/11/24

这学期的艰难困苦还未熬过去，便已选好了下学期的课程，一看课表便知绝对不会太过轻松——还真是头铁呢。

选了Cummins的罗马建筑与艺术，Taylor Roberts的宗教与种族，还有一门Mercado教的200级的拉丁语。Cummins和Roberts分别是古典和宗教两个系的主任，而两人的课程也都是出了名的难，至于拉丁语——这玩意儿本身就够我喝上一壶了。倒是应Advisor的要求选了门数学课，为了平衡选了门比较水的课程，大概也不会给我什么“惊喜”。

总觉得若要做两门文科的double major会比较让人头疼，不过好在不用太早下决定。

2018/12/2

距离回家还有三个星期整，胜利在望。各科的paper也陆续到了DDL了，好在final week大概会过得极其轻松，因为没什么考试，只一门拉丁语。

Classical Chinese这几周都在翻译《庄子·秋水》，我看着进度觉得final week前是讲不完了，大抵会布置成project吧。

原先说要记满一笔记本的吃食回国一一打卡的，可前几日记下许多，后来倒没什么新的念头产生了。看来我心心念念许久的也就是那么几味，不算麻烦。

2018/12/18

早上考完了拉丁语倒头便睡，一觉醒来已近晚饭时分，倒似是把回国的时差先给调整好了。这学期记日记三天打渔半个月晒网，也只有到考试结束了才有心情写上几笔，实在惭愧。

转眼离回国便只有三五天了，本是欣喜非常的，但不知哪一瞬起又感叹光阴似箭，愣是勾起了几分怅然。

剩下几日还有两篇paper需写，说轻松也不尽然，可没了考试到底心里还是舒坦的。

附前几日所填《暗香》一阕，同词牌本意“疏影横斜水清浅，暗香浮动月黄昏”，写寒梅。

暗香·本意

霜天冬月，是何年冻彻，川原如铁？
莽莽河山，剩我苍枝压冰雪。
可笑深红浅碧，三春去、姿容凋绝。
人间事、不识清寒，羞与论风骨。

芬郁，自高洁，即太昊无情，更莫依别。
北风洌洌，仍有孤星共明灭。
且唤青松翠竹，同笑待、雪融风竭。
料尘世、唯我辈，凛然存节。

注：

太昊：同青帝东君，司春之神。

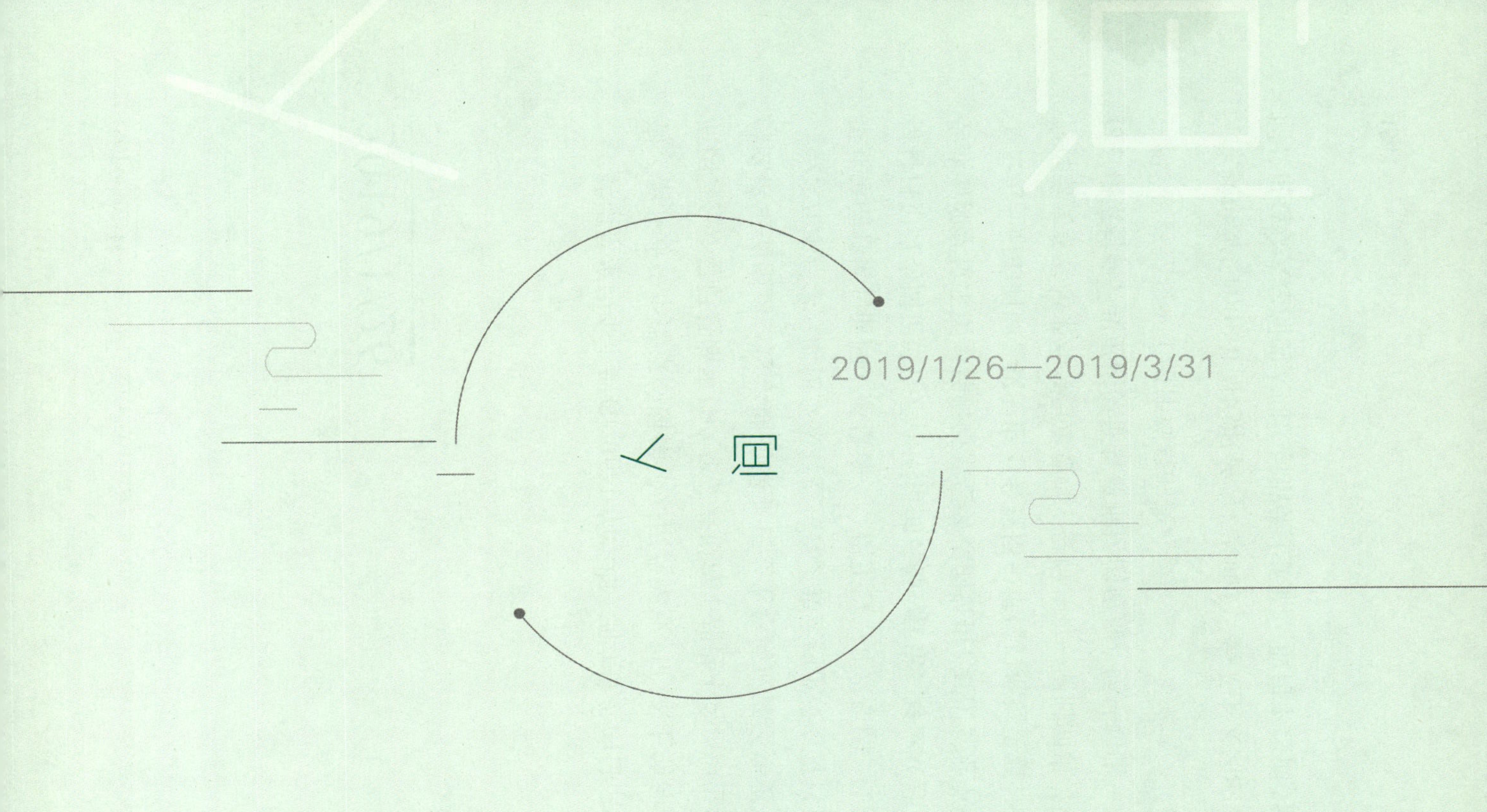

人间

2019/1/26—2019/3/31

2019/1/26

转眼是第四个来到Grinnell的学期，而在此处的日记也到了翻开新一个篇章的时候了。因为学业和心态上的种种原因，公众号已是断更许久了，若说放下却也不舍，但也没什么落笔的闲情。这学期的课业较之上学期或许还要更重一些，方才开学一周便令人有些焦躁，我大约也没有每日记下几笔的心情与时间。思量许久，出于以下几点原因，我觉得将日记改为周记或许是个不错的选择：首先，写公众号不会成为像学拉丁语一样每日都要考虑的负担；其次，定下一个长达一周的时间，我便也不会找出一堆借口拖过更新，因为每篇文章看起来都会更重要些；最后，有一周时间思考题材、积累材料，我更能保证每篇推送的质量。便是如此一举三得，最终让我下了略作调整的决心。

我给新Grinnell周记取名为《人间》，是天上人间的人间，也是众人之间的人间。所谓天上人间，取自李煜词“流水落花春去也，天上人间”。后主以天上指故国，人间指现在，而我亦有同感。虽G村远离都市，全无车马喧嚣，但比起杭州终是逊色一筹。学院偏北，冬季长而苦寒。闲暇忆起故乡山水，常有天上人间之叹。所谓众人之间，意指入世修心。释道儒三教，释道都讲究出世，唯有儒家入世。翻了翻这数千年的历史，因讲究出世的终究没能修出个不死不灭的佛陀或神仙出来，我便觉着入世才是正途了。大学里是没有什么出世之学的，我学的几门自不例外。宗教本就是对人与神关系的探讨，而我又是个生长在五星红旗下的无神论者，所以于我而言，宗教学便是对人的研究了——思考为何信众会如此想、如此做、如此相信。对古典的学习包括了学习古希腊罗马的史诗、戏剧、历史、风俗、艺术……而这一切也都是由人所创造的，到头来还是对人的研究——试图理解当时人的所思所想。其实Humanities这个division下的学习，全都是对人性human nature的思考，而人性从古至今都是不变的，且不分中西黑白。如今新发生的事情，大都能在数千年的历史中找到影子。两年下来学习了如此多的文本知识，也该拿来人间一试了。

说是周记，或许一周两更甚至更多。我从来不是个拘泥于自己定下的规矩的人，或说是个相当随便的人了。灵感来了便写上千字，心情愉快了也记下几页，一切都没个定数，不过一周保底一更我还是能保证的。

打理公众号对我而言也算是个令人开心的差事，毕竟整个平台都是自己的，是好是坏自己负责，除了些无关紧要的虚名微利，我倒是没什么压力。寒假在家时我妈忽然问我觉得人生的意义是什么，我说古时是为了繁衍，是为了将自己那条祖传的染色体传承下去，make more of me，而现在却不是这样了。人类对繁衍的欲望降到了有史以来最低的程度，甚至可以说是有了自我毁灭的倾向了。我不愿在此讨论拥有后代对生命个体本身究竟有什么益处，而基于当下的情况，我觉得生命的意义便是两个字："开心。"在拥有一个相对正确的三观的前提下，对于一切情况都可以用自己开心与否作出选择。喝可乐开心那就喝，吃炸鸡开心那便吃，何必去顾虑什么体重的增减。甚至一些复杂的事儿也可以用此来决断，例如生孩子如果能让你开心那便生，若不能那便不生；奋斗竞争能让你开心那便去争，若带来的更多是痛苦那就算了，也没什么可惜……世界可以简单而快乐，只要能做到随遇而安，或说知足。我所说的自己开心便好，并非让人都去做个"精致的利己主义者"，因对他人对社会的付出有时也能带来愉悦感，而这愉悦感正是由一个正确的三观与健全的人格产生的。不过，此前提到的正确的三观与知足的性情，我倒是不知该如何培养，或许来源于教育，又或许被社

吴镇　墨竹谱

会环境所影响，但不管怎么说，我自己能做到适意便好。正如“莼鲈之思”的张翰在千年前辞官回家时所说的“人生贵得适意尔”。

以上，为新篇章《人间》序。

2019/2/3

都说人活得久了，什么事情都会见到。在出国留学久了，连Grinnell都会放假了。

周三的时候北美极寒，村里的气温降到了零下三十五度，体感温度零下四十二度。大约是怕学生出什么意外，学校便停了课。周三满课的我听闻这消息欣喜若狂，因为这相当于把我后半个星期的课直接砍去了一半——到底还是和小学时候无二的心性，上学就期待放假，放假便抗拒开学。

周二下课前教授叮嘱我们说要“stay warm”，食堂门口的老奶奶也对每个出门的学生如此说，虽只是言辞并不能为我们多添件衣服，心里总是暖暖的。都说美国言论自由，但越是自由的国家对言语便也越是在意，有许多人时刻在意着自己的话语会不会伤害到别人，于是用词便谨慎得很，且总是用言语传达自己的善意。例如，有同学在课上问Prof.

Cummins，为何她总是用BCE与CE来表达公元前后，而非BC与AD。她解释说她曾经也是用BC与AD来表示的，因为她是一个天主教的信徒，而BC与AD是基于天主教教义。可自从有次一位她课上的犹太同学和她提到说，犹太教对于BC与AD的记述与天主教有所区别之后，她便改用BCE与CE来表达了，以便去除用词中的宗教成分。

徐渭　黄甲图

语言的确是极有意思的，不同的选词总有不同的情绪在内，但有时却又有例外。上周与Hitomi去了趟Iowa City，Lyn问亚洲超市的店员，觉得Hitomi日语讲得怎么样，得到的评价是讲得挺好的但有点aggressive(具有攻击性)。作为中日混血，Hitomi并非一直在日本长大，我猜测他的用语展现出攻击性是因为他的用词中敬语较少——而这种并非主观决定的用词差异并不能体现出他真正的态度，或许许多时候误会便会产生。联想到不久前传得沸沸扬扬的接受到外星信号的事儿：用词的微小差异便足以造成误解，更别说可能完全不同的交流系统了。想必当年清朝与世界交流时也出现了许多类似的状况吧。

学校的风景常是美的，且一如西湖般有四季晴雨的变化，虽说飘雪的寒冬稍长了些。乡村的星夜、旷野的晚霞、蔽日的白雾，皆是自然的诗篇，可惜这天气我在外边连十分钟都待不住。听别人说冬日的太阳就像冰箱里的灯泡，实在是贴切非常。好在今日的气温总算回到了零度以上，虽说几日后还有寒流，但终究让人看到了春日归来的希望。

我觉着地球也需要stay warm呢。

2019/2/10

周一晚上Hitomi组织一些同学一道吃了顿年夜饭，因工作日太忙，本打算留待周末记述，如今回想却觉已隔数月，有些记不真切。但既然忘了，便不再细提。这人一忙起来便觉得时日过得慢，也不好分辨是挣扎还是充实，只觉得犹如当初在初中高中辛苦学习的日子，万万难以相信才回到村里半月有余。

这才记到第三篇周记，便觉着有些想家，不知是否是因为过年的缘故，又或是因为少年意气消磨过快。我这人时常温温吞吞磨磨唧唧，若再打磨几年性子，就算是配上个白发垂须的皮囊，或许也能相得益彰。所幸偶尔还能有点年轻人应有的异想天开，驱使着自己去作些与辛弃疾不大相似的豪放词，可算是没有太辜负大好青春。只可惜学着苏辛两家作的豪放词到底只学到了一点皮毛，常被人说是仍有着婉约的骨子。

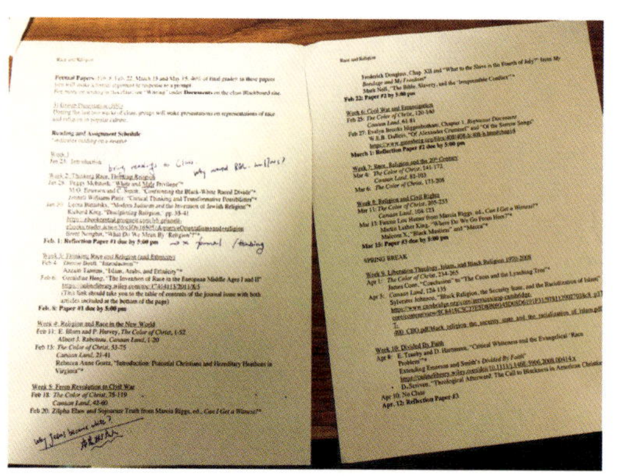

这些日子被课程逼得有些憔悴，虽说不至于头发一抓掉一大把，但床底下枕边上还是积了许多，令人神伤。能做的也只是时常苦中作乐了。我向来遇事能避则避、可拖便拖，但有些事儿我自己也知道是逃不开的，也只能硬着头皮上了。同一届的同学中陆续有两位因压力过大回国休养，不过我虽逃了中考逃了高考，却无论如何也不会逃这一回，因为中考高考逃了便逃过去了，这般休养一学期到头来还是要结结实实读上四年，实在无甚裨益。虽是歪理，但我一直相信做事要留二三分余地，万不可时时刻刻全力以赴，因为弓弦拉满太久（紧）了迟早会崩断——最好的结局也是变得松弛。出上个八分力气，我便好意思说自己是全力以赴了，还心安理得。这大概也算是我的自知之明，觉得拼尽全力支撑不了太久，还不如稍有怠惰。我一向对网上所谓的“舒适区”一说嗤之以鼻：既然能在某时某刻感到“适意”了，何不就如此安心到老？偏要逼自己一把，不论成功失败，怎么算都得少享几日福分。浮名浮利，虚苦劳神。到底是整个社会的价值观变了，我也说不好这对“全人类”而言是好是坏，反正我是不愿意随此大流的。如今的课业我也出上八分力气去学，学到多少都算是对得起自己，无论如何也开了眼界多了谈资，至少不会把自己逼得抑郁或精神失常，只希望爸妈也觉得如此尚可。

呔，我李豪逸，胸无大志。

附新词《唐多令》一首：

唐多令

华表立千年，乾坤日月悬。
照浮生、羁旅俗缘。
尝羡飞吟青袖剑，纯阳子，早登天。

绿蚁入喉眠，金龟直几钱？
便何妨、醉老樽前？
大梦骑鲸蓬岛去，有狂客，唤尘仙。

2019.2.6

注：

华表：古代宫殿、陵墓等大建筑物前面做装饰用的巨大石柱。

“照浮生、羁旅俗缘”：李白《春夜宴桃李园序》：“夫天地者，万物之逆旅也；光阴者，百代之过客也。而浮生若梦，为欢几何？”羁旅，漂泊流浪。

“尝羡飞吟青袖剑，纯阳子，早登天”：吕岩：“朝游北越暮苍梧，袖里青蛇胆气粗。三入岳阳人不识，朗吟飞过洞庭湖。”吕岩，即吕洞宾，号纯阳子。

绿蚁：指浮在新酿的没有过滤的米酒上的绿色泡沫，代指酒。

金龟：《唐才子传》：“天宝初，（李白）自蜀至长安，道未振，以所业投贺知章，读至《蜀道难》，叹曰：‘子谪仙人也。’乃解金龟换酒，终日相乐。”

骑鲸：传说李白死后骑鲸归去，白亦自称海上骑鲸客。

“有狂客，唤尘仙”：李白《对酒忆贺监》：“四明有狂客，风流贺季真。长安一相见，呼我谪仙人。”

徐渭　菊石图

2019/2/17

满目苍天白胜雪，料群仙畏冷尽藏云。

到底什么才是春天到来的象征呢？是过了春节，过了立春？还是雪融泉流，新绿抽芽？望着Grinnell雪后苍茫的大地，我是如何也不会赞同前者的。上周天气回暖了两天，这几日却又飘起了雪。周末学校铲雪铲得不算勤快，于是道路上便积起了一层，被人踩踏后化作薄薄的冰，走上去滑溜得很。出门时不得不小心翼翼保持平衡，不敢走快，以免在天寒地冻之时还要遭受摔倒爬起之苦。不过若说苦，踏上社会前的衣食无忧的学子大约都觉得最苦的便是学习了，我自然不例外。

宗教学的教授大发慈悲将下周的论文往后延期了几日，谈及原因，他说是因为布置了太多论文，之前的他批不完了。这可真是个狠人，对我们狠，对自己也狠——早知现在何必当初？

拉丁语考了第一次期中考，我心里慌得很便向教授要了extra time，单独找时间去做，可以慢慢和那些个字词较劲儿。他把我送进小房间考试前和我说，我这次想做多久做多久，因为这次的考试“很——难”。听到他那个拖长的really的时候我心态几乎是崩的，不过考完了也便过了，我才不想因为考试这事儿影响了我追求开心的大业。我笑着跟我室友说我这次可能要完蛋了，他说我既然还笑得出来就说明还好，我回道:“嗨，越是崩溃的时候就越要笑出来啊。”

罗马建筑与艺术的课程终于讲完了庙宇转向了雕塑，于是一教室人都不得不看着屏幕上石雕的裸男（们）发呆。老师上课提及了通过雕塑的毛发来分辨风格的办法，但布置要写分析essay的雕塑却是个光头，我的眼神不得不移向裆下……嗨，这绝对是学习中国古代艺术很少会有的体验。若说古中国大多时候是个注重文化的学士，那古罗马大约是个从生到死都热衷战斗的狂徒，我如今怎么看这些裸男雕塑都觉得和汉武帝时期那尊鎏金铜马相像——都是崇武的象征……指不定当初罗马的军官就是拿这些个英雄神灵的塑像来选拔雄健的军士呢。

感觉Classic的内容我还是比较喜欢Civilization的部分，倒是对语言没啥太大的兴趣。好在major里面分了两条路线，可以有偏向地选择——这倒是比没办法偏科的初中高中要自由多了呢。

2019/2/24

前几日暖阳照耀，冰雪消融，路上泥泞不堪，到处是深深浅浅的水坑，稍不留神便一脚踏进，继而叫苦不迭。我本以为这是冬尽春来的预兆，可转眼气温又奔着零下二十度去了。北风刮在脸上生疼，总从羽绒服的缝隙中拼命往里钻，似乎也想从寒流中脱离，好找个地儿御寒。这北风依偎向我，自己固然是暖和了，却害得我直打哆嗦。方才融化不久的雪水又结了冰，仗着严寒天气紧紧嵌在地面上，如钢似胶，踏不碎也踢不开，像经验老到的猎手潜伏在道旁，只等着小跑着赶向屋里的学生路过，让他狠狠地摔上一跤。故国江南的气候可真要好上许多，从未如此极端。虽近年来夏愈热而冬愈寒，但仍旧是个适宜的居处。

盘算时日，这学期又去了四分之一，不由感到欣喜。早便知晓归期的旅途是不会生出刻骨铭心的乡愁的，较之宦游羁旅的古人与当初某些退往台湾的人们来说，我实在幸运许多。我希望毕业后旋即回国，便择杭州一城终老。找份工作不论好坏，有间房子不论大小，寻个姑娘不论胖瘦，如此便比天下大多数人要幸福许多。只要我未来的欲望不膨胀，这份稳稳的幸福大约便不会消失。不过人间总充满各式各样的不得已，如今也只能祈愿心想事成，天下太平。

室友纠结了许久买什么牌子的车，我说他这是有钱的烦恼。东拼西凑攒足了资金，终于在周五开回来了一辆豪气十足的A7，算是在村里鹤立鸡群了。这时候便体现出我一直不去学驾驶的好处了：因为不会开，也便不会羡慕了。

学业辛苦依旧，晚上进寝室门时哀嚎一句“呜哇我不想学了”，然后便坐到桌前写完了拉丁语的作业。

2019/3/4

写完作业洗完澡，一看时间都到了周一早上了，便把事先写入的三月三号划去改成了四号。算是出国后过的第二个生日了，此时此刻不论国内国外都是四号，祝自己一句“生日快乐”当是恰到好处。前几日盘算日子，知道生日是在周一的时候，我便意识到有这一刻了。因周一四节课排满，又常常due各种paper和exam，每个周日我都得奋战到最后一刻——当然，这也有我周五周六不大喜欢写作业的原因。

暑假去雅典的项目顺利地批了下来，不过之后的各种手续仍是烦人，但我也只能无可奈何地一件件去做。春假本打算宅在村里好好休养几日的，看来得抽时间去一趟芝加哥申请去欧洲的签证了。填写表格的时候翻出了高中时候拍的照片，瞅了瞅倒觉得眉眼没太大变化，只是发型改得更有艺术气息了，我本人还是很满意的。话虽如此，所谓没变其实指的是刚刮完胡子的时候，倘若一周忙碌没记起用那剃须刀，或许会平白生出几分老男人的沧桑感。今天生日一过我也是奔三的人了，也能玩味地感叹一句白驹过隙岁月催人。

在朋友圈看到一篇文章，说是什么“父母走了我们将直面死亡”，题目起得甚是吓人，却也有几分道理。叫我说，我们这一辈的面前尚有不止父母这一道墙挡着，故而前浪之前浪湮灭时虽心有戚戚，终究是偏于虚幻的感受。晚辈再大的悲伤大约也及不上父母一半，不过再晚的晚辈也有走到最前的一日，只因世间无人能长生不老。每次思及生死都想着早点还家，觉得勒石燕然封狼居胥都比不上家中饭菜，但回了家也不知道说什么好干什么好。或许只是离家在外万事不安心，加上这些年也听多了许多的意外与无常。想来人间相遇算是福分，得成一家更是天赐。

说来可笑，生日本是庆祝多年前的新生，搁我嘴里谈及的却多是老与死。

2019/3/10

去年与前年生日的时候我妈都问我有什么愿望，每次我都思考良久，却最终都想不出有什么特别想要的。或许算是知足常乐，也或许是平常有什么愿望都能被满足，享有莫大的幸福。今年她微信问我想不想春假回国，就像她在家里问我想不想吃水果一样，我脱口而出便是一个“想”字。春假不长不短也就两周，十万里扶摇来回实在是个任性的决定。我一个“想”字落地后又在回与不回间摇摆了许久，最终还是没抵住这“回家的诱惑”。

一开始想要拒绝时，跟我妈说我觉得这时候回国就像逃难回家一样，不光彩。再后来又转变主意要回来时，想的是不能死要面子活受罪。既然有这个能暂且“出逃”的条件，何不干脆顺了心意？想家时便乘风万里而返，谁能说这不似吕安千里命驾之风流？

当下许多人都羞于说出一句简单的“我想家了”或是

“我想爸妈了”，只一人苦苦累着、扛着、焦躁着、崩溃着，却是何苦。明心见性，遇事能不假思索脱口而出，亦是种难以达到境界。较之前者，我还是更向往后者一些。

人有缺欠方有愿望，就似万事如意时便没了求神拜佛的必要。而我如今有这归家的愿望，便说明我有些许不论大小的“不如意”了。但我这“不如意”实在也是合情合理的，毕竟就算是鲜衣怒马在美国逍遥快活，异乡到底也是异乡，更别说被五指山似的学业镇在小小的村子了。

盘算时日，杭州的花季也快到了。或许就在我飞行的途中，苏堤上的柳条会抽出新绿，沿湖的桃花也能绽出几点嫩粉。十几日的时间足够将最想去的几处地方走上一遍了，能好好看看从出国后便没见过的故乡的春景。十几日的时间大约不能把想见的人都见上一遍，但世间完满从来少于缺憾，我也无意强求。

2019/3/31

【霎时春】

不论汽车奔驰的速度有多快，也不论飞机飞行的速度又有多快，都抵不上游子似箭的归心。都说留学一去，故乡只剩冬夏再无春秋，我此次偏偏任性了一回，无论如何都要趁短短的假期归国见见故乡的春。

刚归来的那几日天气仍冷，沿江绕湖的花都尚未开，入目多是光秃的枝，与爱荷华的树木相似非常。道旁草坪倒是大多青了，江对岸的山也当得上“翠微”之名，虽无想象中的姹紫嫣红，

姚绶　竹石图

我也如久旱逢雨的草木般满足了。

本觉得能见到杭城初春的满城青翠已是不虚此行，可故乡于我到底多情。不过过了三四日，气温骤暖，便骗开了满城繁花供我一观。在望湖楼外的漫天飞絮里，素白的海棠与红黄的郁金香争相怒放。而在紫金港外的高楼大道间，有玉兰与樱花共享着同样的色彩。每当描述缤纷绚烂的光影时都觉得自己词穷，而各样的花卉我也唤不出几个的名字。这般感受，便好似风流浪子烟花巷陌青楼对酒，却一时忘了曾海誓山盟的歌妓姓甚名谁，实在尴尬难堪。但不论是否知晓万花千色的称呼，这一城的春景都入了我眼，与往年似乎一般无二。

可惜这春景与我只有十日之期。我似宦游的举子匆匆路过家门，进门小坐叙述相思，可洗杯煮茶尚未对饮，门外便已兰舟催发。虽别后小聚的结果总是再一次的离别，见与不见终究是两样的心情。见了或许得“执手相看泪眼”，可不见却定连这“执手”也都无。所谓“相见争如不见”，多是故作潇洒的妄语。

此回来去，来则见杭城春意青涩转盛，去又见异国暮冬冰雪消融，恰如东君巡礼，到处天下迎春。

附《蝶恋花》一阕：

蝶恋花

堤上繁樱初素洁。
风卷潮来，光影争明灭。
我似而今情易竭，旋身即与春风别。

异国远游音信绝。
更恨春寒，树白因冰雪。
非尔琼花无玉骨，江南春色愁肠结。

2019.3.29

注：

风卷潮来：语出苏轼《八声甘州·寄参寥子》："有情风、万里卷潮来，无情送潮归。"

临江仙 · 窃月

沉璧谁人偷玉镜？广寒遗落凡间。

竹峰疏影罥轻烟。

晨风开雾锁，归赵九重天。

夜月离时花溅泪，芳丛清露堪怜。

波心恨别亦生涟。

幽泉虽久在，无计访三山。

临江仙

春上高枝游兴炽，惜无红袖相牵。

折花心事忽阑珊。

满园花尽卜，一别亦经年。

每至良辰寻醴酒，醉来何羡诗仙。

徘徊对影月中天。

广寒如玉镜，遥映美人颜。

临江仙

月下花前空许，横眉如讽良宵。

君心若海渡无桥。

我心需似岳，切莫枉生潮。

红袂青骢应弃，姻缘盟誓勾销。

须知山水本迢迢。

乘风休驻马，孤意自逍遥。

南乡子 · 李白

意气藐人寰，杯酒席前赋万篇。

若问经纶何衣素？

长叹，只道装欢强笑难。

白鹿避金銮，踏遍青崖与遇安。

欲上重霄摘皓月，

无端，不畏天高只畏寒。

南乡子·夏

稠汗透衣冠，浃背长流似泪涟。
炉火未升风竟暖。
人间，日晒千家尽欲燃。

摇扇亦徒然，荫底青青如絮干。
应伴东君归帝所。
天仙，遥在清辉桂下眠。

踏莎行

梦窗词有残句“霜杵敲寒，风灯摇梦”，甚喜之。闲暇琢磨，似《踏莎行》也。乃足之。

霜杵敲寒，风灯摇梦，泊湾新月疏烟笼。
渔村烛影绕蓬舟，浑如磷火浮荒冢。

銮殿逢迎，筵席陪奉，少时曾把而今讽。
空花阳焰累皮囊，虚名微利千斤重。

2018.6.16

贺新郎 · 梅雨

梅雨何时霁？趁雷公、夜来微倦，乍疏云翳。

满径残花稍得歇，照影重梳旖旎。

但送目、山河初洗。

独自凭栏难胜酒，望碧霄、明月摇将坠。

忽一瞬，入江水。

曾闻寒殿多甘醴。

料姮娥、千秋绮户，酿之藏泪。

今举琼樽偷桂影，遥唤天仙同醉。

呼玉兔、珍馐需备。

得共婵娟销愁憾，却不知、梅雨何时至？

虽不舍，解环佩。

青玉案 · 代人赋

多情忘情，皆是无情。

忘情神女多情子，恨天地、无情似。

斩尽前情余两意，

东园红杏，西郊琼李，皆是心头喜。

云间雁字如情字，暑往寒来藐生死。

应笑仙凡输老翅，

长生千载，江山万里，总把初心易。

浣溪沙·南屏夏暮

永日蝉鸣侧耳听，钟生古刹满南屏，
谁人闻道梦初醒？

烟紫笼山招晼晚，浮金铺水拥娉婷。
湖天曾映数峰青。

临江仙

自古词中多爱语，叨叨说尽尘缘。
情深韵窄凑成言。
托鱼传碧水，寻雁寄长天。

应羡从前车马慢，凭心请动青鸾。
而今谁解制花笺？
推敲盈一纸，为子赋新篇。

浣溪沙 · 大理

方上苍山眺水天，复临洱海顾峰峦。

海山原在一壶间。

楼宇亭台同古色，风花雪月亦如前。

向来辞镜只朱颜。

2018.8.8

满庭芳

秋树临冬，云河流月，远望风动无声。
残妆褪尽，枯木自斜横。
独倚轩窗未寝，似转瞬、夜已三更。
沉吟久，寒衾孤枕，恐教梦魂惊。

伶仃，当此际，鸣蛩冻寂，征雁难停。
叹萧索天涯，满目飘萍。
千古离愁别恨，谁道是、无据无凭？
今宵月，当时曾照，明夜亦多情。

2018.11.6

浣溪沙

秋月平湖驻马蹄，春风杨柳罥游丝。

经年长望总成痴。

青镜映天云破处，白鸥振翅露飞时。

舟人摄影已嫌迟。

2018.11.7

图书在版编目（CIP）数据

村间世外 / 李豪逸著. -- 杭州：杭州出版社，2019.8

ISBN 978-7-5565-1109-9

Ⅰ. ①村… Ⅱ. ①李… Ⅲ. ①日记—作品集—中国—当代②诗词—作品集—中国—当代 Ⅳ. ①I217.2

中国版本图书馆CIP数据核字（2019）第138299号

CUN JIAN SHI WAI

村间世外

李豪逸 / 著

责任编辑 孙旭明
文字编辑 魏红艳
美术编辑 祁睿一
封面设计 施俊秋
出版发行 杭州出版社（杭州市西湖文化广场32号）
电话：0571-87997719 邮编：310014
网址：www. hzcbs.com
排 版 杭州万方图书有限公司
印 刷 浙江海虹彩色印务有限公司
经 销 新华书店
开 本 889 mm × 1194 mm 1/32
印 张 15.75
字 数 270千
版 印 次 2019年8月第1版 2019年8月第1次印刷
书 号 ISBN 978-7-5565-1109-9
定 价 80.00元

华语之声传媒策划
0571-87333999